REZEPTE! REZEPTE!! REZEPTE!!!

Kay-Henner Menge

Wraps

FALKEN

Inhalt

Tipps zu den Rezepten

Die Portionsangaben
Sofern nicht anders angegeben, sind alle Rezepte für 4 Personen berechnet.

Die Zubereitungszeiten
Sie beinhalten sowohl die Vorbereitungszeit als auch die Garzeit. Eventuelle Sonderzeiten, z. B. für das Abkühlen, sind gesondert aufgeführt.

Die Kalorienangaben
Sie beziehen sich auf ein Wrap.

Die Zutatenmengen
Sie beziehen sich auf die ungeputzte Rohware. Sind Stückzahlen angegeben, wird von einem Stück mittlerer Größe ausgegangen.

Die Abkürzungen

EL	= Esslöffel	kcal	= Kilokalorien
TL	= Teelöffel	ø	= Durchmesser
Msp.	= Messerspitze	Min.	= Minute(n)
P.	= Päckchen	Std.	= Stunde(n)
geh.	= gehäuft		
gem.	= gemahlen		
getr.	= getrocknet		
TK-…	= Tiefkühl-…		

Wraps – neues Fastfood aus den USA

Was sind Wraps? Wraps sind eine Kreuzung aus Burritos, den gefüllten Tortillafladen aus Nord-Mexiko, und den beliebten Sandwiches. Sicher kennen Sie Burritos aus der mexikanischen Küche. Sie wurden erfunden, damit Cowboys ihr täglich Brot ohne Aufwand und Besteck rasch zu sich nehmen konnten. Heute gibt es zwar nur noch wenige Cowboys, aber beim Essen soll's noch immer schnell gehen. Darum haben sich clevere Köche aus Kalifornien daran gemacht, die Burritos zu verfeinern. Sie veränderten das Grundrezept, das nur aus Öl, Mehl, Salz und Wasser besteht, und machten die Teigfladen größer. Und dann begannen sie ihre Kochlöffel zu schwingen und entwickelten neue Füllungen, die sie in die dünnen Brotfladen einwickelten. Wraps, die jungen Geschwister der mexikanischen Burritos, waren geboren!

Wenn Sie einmal nach San Francisco kommen, besuchen Sie das Restaurant „World Wraps" in der Chestnut Street. Hier können Sie die Original-Wraps verkosten. Wenn Sie nicht so weit reisen möchten, lassen Sie sich von den kreativen Rezepten aus diesem Buch einwickeln und wrappen Sie mit! Verwöhnen Sie sich mit einem Edel-Fastfood, das Sie ohne großen Aufwand selbst zubereiten. Oder laden Sie Ihre Gäste einmal zu einer Wrap-Party ein, mit ein wenig Vorbereitung macht das gemeinsame Wrappen großen Spaß. Wraps können kalt oder heiß, herzhaft oder süß sein. Und sie lassen sich prima mitnehmen, ins Büro oder zum sommerlichen Picknick.

Was brauchen Sie zum Wrappen?

Wichtigste Zutat sind die Tortillas, dünne, runde Teigfladen aus Weizenmehl. Die können Sie entweder selbst herstellen oder kaufen. Inzwischen gibt es in den Lebensmittelabteilungen der Supermärkte Tortillas mehrerer Hersteller. Wenn Sie in Ihrem Supermarkt keine Tortillas finden, können Sie sie auch bestellen (Mexico Trading GmbH, Ruhrstraße 158, 22761 Hamburg, Tel. 040/85 33 88 00). Kaufen Sie aber keine Maismehl-Tortillas, die sind so knusprig, dass man damit nicht wrappen kann.

Für herzhafte Tortillas brauchen Sie große Teigfladen mit einem Durchmesser von etwa 26 cm. Für die süßen Varianten sollten die Teigfladen einen Durchmesser von etwa 20 cm haben (siehe Grundrezepte).

Machen Sie sich keine Sorgen, wenn Ihnen die Teigfladen nicht ganz kreisrund gelingen – zum Einwickeln genügt auch eine unregelmäßige Form.

Die gekauften Tortillas sind meist etwas kleiner als im Grundrezept angeben. Nehmen Sie dann etwas weniger Füllung zum Wrappen und servieren Sie die übrige Füllung extra.

Wie wird gewrappt?

Zunächst erwärmen Sie die Tortillas. Das ist deshalb wichtig, weil die Tortillas dann geschmeidiger sind und nicht brechen.
Sie haben zwei Möglichkeiten, die schmackhaften Füllungen einzuwickeln: die geschlossene Form und die offene Form. Bei der geschlossenen werden Ihre Gäste gespannt sein, was Sie für sie eingewickelt haben. Geben Sie die entsprechende Menge Füllung auf die untere Hälfte der Tortilla. Lassen Sie dabei einen Rand von etwa 2 Zentimeter Breite frei. Schlagen Sie nun die beiden seitlichen Ränder auf die Füllung. Nun klappen Sie den unteren Rand darüber und rollen Sie die Tortilla auf. Legen Sie die Tortilla mit der Nahtseite nach unten auf einen eventuell vorgewärmten Teller.
Besonders appetitlich sieht es aus, wenn Sie den fertigen Wrap schräg in der Mitte durchschneiden: Sie steigern so die Vorfreude aufs Reinbeißen, schließlich isst auch das Auge mit!

Bei der offenen Form weiß jeder, welche Genüsse ihn erwarten. Geben Sie die Füllung auf die untere Hälfte der Tortilla. Lassen Sie auch diesmal einen Rand von etwa 2 Zentimeter Breite frei. Klappen Sie nun eine Ecke auf die Füllung und rollen Sie die Tortilla von einer Seite zur anderen auf. Oben bleiben diese Wraps offen, darum bitte sofort essen! Diese Form ist nicht ganz so stabil. Stecken Sie deshalb die Seitenränder mit einem Hölzchen zusammen.

Was trinkt man zu den Wraps?

Es passen sowohl ein kräftiger Rotwein als auch Weißwein oder Rosé zu den Wraps. Wenn Ihnen der Sinn eher nach Bier steht, greifen Sie ruhig dazu. Und zu den edlen Wraps darf's auch einmal Sekt oder Champagner sein. Zu den süßen Wraps passen Tee, Kaffee, Espresso oder Cappuccino. Wenn Sie auf Alkohol verzichten möchten, sind Milchmixgetränke oder Fruchtsaft-Cocktails prima Alternativen, die auch Ihre Gäste begeistern werden.
Sie sehen also: Bei den Wraps gibt es keine starren Regeln, Ideen sind Trumpf!

Tortillas für herzhafte Wraps

- Für 8 Stück
- Zubereitung: ca. 25 Min.
  (plus ca. 20 Min. Zeit zum Quellen)
- ca. 180 kcal

ZUTATEN

275 g Weizenmehl (Type 550)
1–2 TL Salz
4 EL Sonnenblumenöl
100–150 ml warmes Wasser
Mehl zum Ausrollen

1. Das Mehl in einer Schüssel mit dem Salz mischen. Öl und Wasser zugeben und alles zuerst mit den Knethaken des Handrührgeräts, dann mit den Händen zu einem glatten Teig verkneten.

2. Den Teig zugedeckt 20 Minuten quellen lassen. Nochmals durchkneten und in 8 Portionen teilen.

3. Je 1 Teigstück auf einer bemehlten Arbeitsfläche zu einem dünnen Fladen von etwa 26 cm Durchmesser ausrollen.

4. Backofen auf 100 °C (Umluft 80 °C, Gas Stufe 2) vorheizen. Eine Pfanne (ohne Fett) oder eine Fladenplatte erhitzen. Die Tortillas nacheinander bei mittlerer Hitze auf jeder Seite etwa 1 Minute backen.

5. Sobald sich die Tortilla aufbläht, den Teig leicht hinunterdrücken, damit die Tortilla gleichmäßig durchbäckt. Die Tortilla soll braune Flecken bekommen.

6. Die fertige Tortilla in ein leicht feuchtes Geschirrtuch schlagen, in Alufolie wickeln und im Backofen warm halten. Mit den übrigen Teigstücken genauso verfahren.
Pro Rezept brauchen Sie immer 4 Tortillafladen. Die restlichen können Sie gebacken in einem großen Gefrierbeutel im Kühlschrank etwa eine Woche aufbewahren. Oder Sie frieren die Tortillas ein; legen Sie dann vorher ein Stück Pergamentpapier zwischen die Fladen. Backen Sie die Tortillas vor Verwendung im Ofen auf.

Herzhafte Tortilla-Varianten

Vollkorn-Tortillas
Verwenden Sie Weizen-Vollkornmehl anstelle von Mehl Type 550. Dann benötigen Sie eventuell etwas mehr Wasser. Das Wasser esslöffelweise zugeben.

Spinat-Tortillas
Geben Sie etwa 75 g gehackten TK-Spinat zum Teig. Dann nur etwa die Hälfte der Wassermenge im Grundrezept zugeben.

Kurkuma-Tortillas
Geben Sie 1 EL Kurkuma zum Mehl. Nicht erschrecken, der Teig ist vor dem Backen grell gelb!

Tomaten-Tortillas
Verwenden Sie 3 EL Tomatenmark und ½ TL Cayennepfeffer. Dann nur etwa die Hälfte der Wassermenge des Grundrezepts zugeben.

Kräuter-Tortillas
Geben Sie ein Bund gehackte Kräuter (z. B. Petersilie oder Basilikum) zum Teig. Das Wasser esslöffelweise zugeben.

Tortillas für süße Wraps

- Für 12 Stück
- Zubereitung: ca. 35 Min. (plus ca. 20 Min. Zeit zum Quellen)
- ca. 110 kcal

ZUTATEN

4 EL Butter
275 g Weizenmehl (Type 550)
½ TL Salz
100–150 ml warmes Wasser
Mehl zum Ausrollen

1. Die Butter zerlassen und abkühlen lassen. Das Mehl in einer Schüssel mit dem Salz mischen. Butter und Wasser zugeben und alles zuerst mit den Knethaken des Handrührgeräts, dann mit den Händen zu einem glatten Teig verkneten.

2. Den Teig zugedeckt 20 Minuten quellen lassen. Nochmals durchkneten und in 12 Portionen teilen.

3. Je 1 Teigstück auf einer bemehlten Arbeitsfläche zu einem dünnen Fladen von etwa 20 cm Durchmesser ausrollen.

4. Backofen auf 100 °C (Umluft 80 °C, Gas Stufe 2) vorheizen. Eine Pfanne (ohne Fett) oder eine Fladenplatte erhitzen. Die Tortillas nacheinander bei mittlerer Hitze auf jeder Seite etwa 1 Minute backen.

5. Sobald sich die Tortilla aufbläht, den Teig leicht hinunterdrücken, damit die Tortilla gleichmäßig durchbäckt. Die Tortilla soll braune Flecken bekommen.

6. Die fertige Tortilla in ein leicht feuchtes Geschirrtuch schlagen, in Alufolie wickeln und im Backofen warm halten. Mit den übrigen Teigstücken genauso verfahren.

Pro Rezept brauchen Sie immer 4 Tortillafladen. Die restlichen können Sie wie die herzhaften Tortillas aufbewahren.
Wichtig: Bitte geben Sie keinen Zucker, Puderzucker oder Ähnliches an den Tortillateig. Der Teig wird sonst beim Backen hart und lässt sich nicht rollen.

Süße Tortilla-Varianten

Kakao-Tortillas
Geben Sie 1 bis 2 EL gesiebtes Kakaopulver zum Teig. Sie benötigen eventuell etwas mehr Wasser.

Zimt-Tortillas
Geben Sie 1 TL gemahlenen Zimt zum Teig.

Vanille-Tortillas
Aromatisieren Sie den Teig mit ½ TL gemahlener Naturvanille (aus dem Naturkostladen oder Reformhaus). Oder geben Sie einige Tropfen Vanille-Aroma zu der zerlassenen Butter.

Mandel-Tortillas
Mischen Sie einige Tropfen Bittermandelöl unter die Butter.

Die Welt in der Hand

Kulinarische Grenzüberschreitungen auf herrlich unkomplizierte Art – ein neues Essvergnügen aus der Neuen Welt.

Chinese Wrap

gut vorzubereiten

- *Für 4 Personen*
- *Zubereitung: ca. 45 Min. (plus ca. 1 Tag zum Marinieren)*
- *ca. 730 kcal je Portion*

ZUTATEN

350 g Schweinefilet
30 g frische Ingwerwurzel
40 g Erdnusskerne, geröstet und gesalzen
30 g brauner Zucker
Salz
Cayennepfeffer
2 EL geröstetes Sesamöl
1 Mini-Salatgurke (ca. 200 g)
200 g Möhren
1 Bund Lauchzwiebeln
150 g Shiitake-Pilze
6 EL Sonnenblumenöl
4 EL Hoisin-Sauce
4 Vollkorn-Tortillas

1. Das Schweinefilet von Fett und Sehnen befreien und in ca. 4 cm dicke Scheiben schneiden. Die Scheiben auf 1 cm Dicke flach klopfen und in ca. 1 cm breite Streifen schneiden.

2. Den Ingwer dünn schälen und fein hacken. Die Erdnüsse grob hacken.

3. Erdnüsse, Ingwer, Zucker, 1 Teelöffel Salz, 1 kräftige Prise Cayennepfeffer und das Sesamöl mit dem Fleisch mischen. Zugedeckt im Kühlschrank einen Tag ziehen lassen.

4. Die Gurke waschen, längs halbieren und die Kerne entfernen. Die Möhren schälen. Die Lauchzwiebeln waschen, putzen und das Grün um ein Drittel kürzen. Alles in ca. 5–6 cm lange, feine Streifen schneiden.

5. Die Pilze mit einem Küchentuch abreiben. (Nicht waschen, sonst saugen sie sich voll Wasser.) Die Stiele entfernen und wegwerfen. Große Pilzhüte halbieren oder vierteln.

6. Im Wok oder in einer großen Pfanne 2 Esslöffel Öl erhitzen, das Gemüse und die Pilze bei großer Hitze darin unter Rühren 2 Minuten braten, salzen, herausnehmen und warm stellen.

7. Das Fleisch in 2 Portionen in je 2 Esslöffeln Öl braten. Mit dem Gemüse mischen, warm stellen.

8. Die Tortillas erwärmen, mit je 1 Esslöffel Hoisin-Sauce bestreichen und die Fleisch-Gemüse-Mischung darauf geben. Die Tortillas zusammenrollen und sofort servieren.

TIPP

- *Wenn Sie keine Hoisin-Sauce bekommen, nehmen Sie 4 Esslöffel Pflaumenmus, das Sie mit etwas Sojasauce und Cayennepfeffer verrühren.*

SESAMÖL

Dieses Öl gibt es in zwei verschiedenen Sorten: kaltgepresst (hell) oder „geröstet" (dunkel). Das helle Öl ist reich an Linolsäure, ihm fehlt aber der charakteristische Geschmack des dunklen Sesamöls. Letzteres wird aus geschrotetem und geröstetem Sesam hergestellt. Der Geschmack ist intensiv nussig und verleiht jedem Gericht einen Hauch von Asien.

Club-Wrap

klassisch

- *Für 4 Personen*
- *Zubereitung: ca. 40 Min.*
- *ca. 580 kcal je Portion*
- *Dazu passt Maissalat*

ZUTATEN

3 Eier (Größe L)
100 g Doppelrahm-Frischkäse
3 EL Tomatenketchup
1 EL Zitronensaft
1 Bund Schnittlauch
Salz, Pfeffer
6 große Blätter Eisbergsalat
3 Tomaten
75 g Frühstücksspeck (Bacon)
300 g Hähnchenbrustfilet
4 Weizenmehl-Tortillas

1. Die Eier in ca. 9 Minuten hart kochen, abschrecken und kalt werden lassen. Inzwischen den Frischkäse mit dem Ketchup und dem Zitronensaft verrühren. Den Schnittlauch waschen, trockenschütteln und in Röllchen schneiden. Zur Frischkäsesauce geben.

2. Den Salat waschen und trockenschleudern. Die Blätter in fingerbreite Streifen schneiden. Tomaten waschen und in Scheiben schneiden. Die Eier schälen und in Scheiben schneiden. Den Speck quer in Streifen schneiden.

3. Das Hähnchenfleisch trockentupfen und in dünne Streifen schneiden. Den Speck in einer Pfanne knusprig braten, herausnehmen. Die Fleischstreifen im Speckfett bei kräftiger Hitze 4 Minuten braten, salzen und pfeffern.

4. Die Tortillas erwärmen. Mit Salatstreifen, Hähnchenfleisch, Tomaten- und Eischeiben belegen. Frischkäsesauce darüber geben und den Speck darüber streuen. Die Tortillas zusammenrollen und sofort servieren.

TIPP

- ***Hier haben Sie ein klassisches amerikanisches Sandwich in seiner modernsten Form.***

TOMATENKETCHUP

Ketchup ist aus dem Alltag ebenso wenig wegzudenken wie Jeans, Cola oder Pommes frites. Seinen Ursprung hat Ketchup jedoch nicht in den USA, wie man vermuten könnte, sondern in China! Die Kolonialherren brachten eine Würzsauce aus dem Fernen Osten mit, aus der sich das Tomatenketchup entwickelte. In den USA hat Ketchup in 97 Prozent der Haushalte einen festen Platz! Darum ist es auch aus vielen Wraps nicht wegzudenken.

Entenbrust-Radicchio-Wrap

Entenbrust-Radicchio-Wrap

gut vorzubereiten

- *Für 4 Personen*
- *Zubereitung: ca. 40 Min. (plus 1 Std. zum Abkühlen)*
- *ca. 490 kcal je Portion*

ZUTATEN

1 Entenbrustfilet (ca. 330 g)
Salz, Pfeffer
200 g Radicchio
150 g Chinakohl
300 g Aprikosen
2 EL süße Sojasauce
1 EL Weißweinessig
1 Bund Schnittlauch
4 Kräuter-Tortillas
3 EL Salatmayonnaise
3 EL süßer Senf
2 EL Sesamsaat

1. Die Entenbrust häuten, das Fleisch salzen und pfeffern. Die Haut in einer Pfanne ausbraten, herausnehmen (wird nicht mehr gebraucht).

2. Die Entenbrust im Entenfett auf beiden Seiten anbraten. Dann bei mittlerer Hitze insgesamt 20 Minuten braten, dabei alle 5 Minuten wenden. Entenbrust fest in Alufolie wickeln und abkühlen lassen.

3. Den Radicchio und den Chinakohl putzen und waschen, trockenschleudern und in dünne Streifen schneiden. Aprikosen waschen, entkernen und in Streifen schneiden.

4. Sojasauce mit dem Essig verrühren. Radicchio, Chinakohl und Aprikosen mit der Sauce mischen.

5. Den Schnittlauch waschen, trockenschütteln, in Röllchen schneiden und dazugeben. Entenbrust trockentupfen, würfeln und untermischen.

6. Die Mayonnaise mit dem Senf verrühren. Je 1 Teelöffel Senfmayonnaise auf den Tortillas verstreichen, die Füllung daraufgeben. Mit Sesam bestreuen und zusammenrollen. Restliche Senfmayonnaise dazu reichen.

Chili-con-carne-Wrap

einfach

- *Für 4 Personen*
- *Zubereitung: ca. 30 Min.*
- *ca. 440 kcal je Portion*
- *Dazu passt Eisbergsalat mit Mais und Tomaten*

ZUTATEN

250 g Tomaten
2 rote Zwiebeln
1 Knoblauchzehe
1 EL Öl
300 g Rinderhack
1 rote Chilischote
150 g Kidneybohnen (Dose)
1 TL gem. Kreuzkümmel
Salz, Pfeffer
4 Vollkorn-Tortillas
½ Bund Petersilie
4 EL saure Sahne

1. Die Tomaten mit kochendem Wasser überbrühen, abschrecken, enthäuten und entkernen. In größere Würfel schneiden. Die Zwiebeln schälen und fein würfeln, den Knoblauch schälen und durchpressen.

2. Das Öl in einer Pfanne erhitzen und die Zwiebelwürfel darin kurz anbraten. Das Hackfleisch und den Knoblauch dazugeben, alles krümelig braten. Die Tomatenstücke zugeben und ca. 15 Minuten in der offenen Pfanne dicklich einkochen lassen.

3. Die Chilischote entkernen und hacken. Die Chilistücke und die abgetropften Bohnen zur Hackfleischmasse geben, einmal aufkochen lassen. Mit Kreuzkümmel, Salz und Pfeffer abschmecken.

4. Die Tortillas erwärmen. Inzwischen die Petersilie waschen, trockenschütteln und fein hacken; mit einer Prise Salz und der sauren Sahne verrühren.

5. Das Chili auf die Tortillas geben, leicht verstreichen und einen Klacks saure Sahne darauf geben. Die Tortillas zusammenrollen und sofort servieren.

TIPP

Wichtig für den Umgang mit Chilischoten: Sofort (!) danach die Hände waschen, und sich niemals (!) während der Arbeit in den Augen reiben. Oder arbeiten Sie mit Gummihandschuhen.

KREUZKÜMMEL

Kreuzkümmel, auch Kumin genannt, ist verwandt mit Kümmel und Koriander. Die Samen sehen Kümmelsamen sehr ähnlich. Der Geschmack ist jedoch leicht bitter und scharf.
Kreuzkümmel wirkt appetitanregend und hat sich als Hausmittel bei Blähungen bewährt.
Er ist in vielen Currymischungen enthalten und aus den Küchen Nordafrikas und Mexikos nicht wegzudenken.
Wenn Sie Kreuzkümmel nur selten verwenden, kaufen Sie besser ganze Samen. Zur Verwendung rösten Sie sie in einer Pfanne ohne Fett, bis der Kumin duftet. Zerkleinern Sie die Körner anschließend im Mörser.

Weißwurst-Wrap

neubayerisch

- *Für 4 Personen*
- *Zubereitung: ca. 30 Min.*
- *ca. 730 kcal je Portion*
- *Dazu passt Weißbier*

ZUTATEN

6 bayerische Weißwürste
4 Lauchzwiebeln
1 Radicchio (ca. 200 g)
2 Selleriestangen
1 Bund Petersilie
1 unbehandelte Zitrone
3 EL süß-scharfe Chilisauce
Worcestershiresauce
Salz, Pfeffer
2 EL Sonnenblumenöl
3 EL Mayonnaise
4 Vollkorn-Tortillas

1. Die Weißwürste pellen, längs halbieren und in ca. 5 mm dicke Scheiben schneiden. Die Lauchzwiebeln putzen, waschen und in feine Ringe schneiden.

2. Den Radicchio putzen und längs halbieren. Die Hälften in fingerdicke Streifen schneiden, kurz waschen und trockenschleudern. Die Selleriestangen putzen, waschen und in dünne Scheiben schneiden. Die Petersilie waschen, trockenschütteln und grob hacken.

3. Die Zitrone heiß abwaschen. Die Schale dünn abreiben, die Zitrone auspressen. Den Saft mit der Zitronenschale, 1 Esslöffel Chilisauce, 1 Spritzer Worcestershiresauce, Salz und Pfeffer verrühren. Das Sonnenblumenöl unterschlagen.

4. Die Weißwurstscheiben mit Zwiebelringen, Radicchio, Sellerie und Petersilie mischen. Die Marinade darüber geben.

5. Die Tortillas erwärmen. Die Mayonnaise mit der restlichen Chilisauce verrühren und auf die Tortillas streichen. Die Weißwurstmischung darauf verteilen und die Tortillas zusammenrollen. Sofort servieren.

TIPPS

- ***Noch interessanter wird die Füllung mit knusprigen Brezelcroûtons. Dazu 2 Laugenbrezeln würfeln und in einer großen Pfanne in 3 Esslöffel Öl bei mittlerer Hitze knusprig braten. Die Pfanne dabei öfter schwenken.***
- ***Asiatischer wird dieser Wrap, wenn Sie statt der Petersilie 2 Bund Koriandergrün verwenden. Würzen Sie die Marinade dann zusätzlich mit 10 g gehacktem frischem Ingwer.***

Weißwurst-Wrap

Leberkäs-Wrap

frech

- *Für 4 Personen*
- *Zubereitung: ca. 30 Min.*
- *ca. 730 kcal je Portion*
- *Dazu passt Weißbier*

ZUTATEN

400 g gekochte Pellkartoffeln
400 g bayerischer Leberkäse (in 1 cm dicken Scheiben)
2 EL Butterschmalz
Salz, Pfeffer
2 Gewürzgurken
2 EL Salatmayonnaise
1 EL Tomatenketchup
1 EL Senf
4 Eier (Größe XL)
4 Kurkuma-Tortillas
3 EL Röstzwiebeln

1. Die kalten Kartoffeln pellen und in ca. 2 cm große Würfel schneiden. Den Leberkäse in etwa 1 cm breite Streifen schneiden.

2. In einer großen Pfanne 1 Esslöffel Butterschmalz erhitzen und die Leberkäsestreifen darin von allen Seiten anbraten. Herausnehmen und warm stellen.

3. Die Kartoffelwürfel in die Pfanne geben und von allen Seiten anbraten. Die Hitze reduzieren, salzen und pfeffern. 5 Minuten braten, dabei gelegentlich wenden. Den Leberkäse unter die Kartoffeln mischen, warm stellen.

4. Die Gewürzgurken in dünne Scheiben schneiden. Die Mayonnaise mit dem Ketchup und dem Senf verrühren.

5. Die Tortillas erwärmen und warm halten. Restliches Butterschmalz erhitzen und 4 Spiegeleier braten. Die Eier salzen. Die Tortillas mit der Mayonnaisemischung bestreichen, die Bratkartoffeln auf die Tortillas verteilen. Mit Gurkenscheiben und Röstzwiebeln bestreuen. Je 1 Spiegelei darauf geben, Tortillas zusammenrollen und sofort servieren.

Sauerkraut-Wrap

schnell

- *Für 4 Personen*
- *Zubereitung: ca. 30 Min.*
- *ca. 580 kcal je Portion*

ZUTATEN

Für die Sauerkrautfüllung

300 g Sauerkraut
250 g Cornedbeef
200 g Emmentaler

Für die Sauce

6 EL Salatmayonnaise
3 Tomatenketchup
1–2 TL Worcestershiresauce
½–1 EL geriebener Meerrettich
Salz
Cayennepfeffer
1 Bund Schnittlauch
4 Vollkorn-Tortillas

1. Das Sauerkraut in ein Sieb geben, mit zwei Gabeln auflockern und abtropfen lassen.

2. Das Cornedbeef in 1 cm große Würfel schneiden. Den Emmentaler grob raspeln.

3. Für die Sauce die Mayonnaise mit Tomatenketchup und Worcestershiresauce verrühren. Den Meerrettich untermischen und die Sauce mit Salz und Cayennepfeffer abschmecken.

4. Den Schnittlauch waschen, trockenschütteln und in Röllchen schneiden. Unter die Sauce mischen.

5. Die Tortillas erwärmen. Die Hälfte der Sauce darauf verstreichen. Das Cornedbeef, den Käse und das Sauerkraut darauf verteilen. Mit der restlichen Sauce beträufeln und die Tortillas zusammenrollen. Sofort servieren.

TIPP

Diesen Wrap können Sie auch überbacken. Die Tortillas zu geschlossenen Rollen aufrollen und mit der Naht nach unten in eine gefettete Backform legen. Mit 100 g geriebenem Käse bestreuen und die Wraps bei 200 °C (Umluft 170 °C, Gas 3) ca. 25 Minuten überbacken, bis der Käse gut gebräunt ist.

Hähnchen-Wrap nach Thai-Art

außergewöhnlich

- *Für 4 Personen*
- *Zubereitung: ca. 30 Min. (plus ca. 30 Min. zum Marinieren)*
- *ca. 520 kcal je Portion*

ZUTATEN

ca. 350 g Hähnchenbrustfilets
1 unbehandelte Zitrone
4 EL Öl
Cayennepfeffer
60 g Jasminreis
Salz
40 g frische Ingwerwurzel
½ Salatgurke (ca. 200 g)
2 rote Zwiebeln
2 EL Erdnussbutter
2 EL Sojasauce
4 Spinat-Tortillas

1. Die Hähnchenbrustfilets waschen, trockentupfen und in kleine Würfel schneiden.

2. Die Zitrone heiß waschen, die Schale dünn abreiben und den Saft auspressen. Zitronensaft, Zitronenschale und 2 Esslöffel Öl mit einer kräftigen Prise Cayennepfeffer verrühren. Die Fleischwürfel ca. 30 Minuten in der Marinade ziehen lassen.

3. Den Reis waschen und in reichlich kochendem Salzwasser ca. 12 Minuten garen, auf ein Sieb geben und abtropfen lassen.

4. Den Ingwer dünn schälen und sehr fein hacken.
Die Gurke waschen, eventuell schälen, in dünne Stifte schneiden. Die Zwiebeln schälen, längs halbieren und in feine Scheiben schneiden.

5. Die Fleischwürfel in einem Sieb abtropfen lassen, die Marinade auffangen. Das restliche Öl in einer großen Pfanne erhitzen und die Hähnchenwürfel darin unter Rühren etwa 7 Minuten braten, salzen.

6. Ingwer, Gurke und Zwiebeln zugeben und kurz mitbraten. Den Reis untermischen und alles erhitzen. Aus der Pfanne nehmen und warm stellen.

7. Den Bratensatz mit 4 Esslöffel Wasser ablösen, Hähnchenmarinade, Erdnussbutter und Sojasauce unterrühren und alles einmal aufkochen lassen.

8. Die Tortillas erwärmen. Die Hähnchen-Reis-Mischung darauf geben und die Erdnusssauce darüber verteilen. Tortillas aufrollen und sofort servieren.

Puten-Ananas-Wrap

Puten-Ananas-Wrap

süß-sauer

- *Für 4 Personen*
- *Zubereitung: ca. 40 Min.*
- *ca. 450 kcal je Portion*
- *Dazu passt Basmatireis*

ZUTATEN

250 g Putenschnitzel
Salz, Pfeffer
2 EL Speisestärke
1 rote Paprikaschote
1 rote Chilischote
50 g Zuckerschoten
200 g Ananas (frisch oder aus der Dose)
½ Limette, 2 EL Öl
4 Weizenmehl-Tortillas
1 Bund Koriandergrün
40 g Erdnüsse, geröstet und gesalzen

1. Das Fleisch in kurze, dünne Streifen schneiden, salzen und pfeffern, mit der Stärke gut vermischen.

2. Die Paprikaschote waschen, putzen und würfeln. Die Chilischote waschen, entkernen und hacken (siehe Tipp S. 14). Die Zuckerschoten putzen und schräg halbieren.

3. Die Ananas in kleine Würfel schneiden. Die Limette auspressen.

4. Das Öl in einer Pfanne erhitzen und das Fleisch darin anbraten. Paprika, Chili und Ananas dazugeben. Den Limettensaft untermischen, salzen und pfeffern. Offen 5 Minuten garen lassen.

5. Die Tortillas erwärmen. Den Koriander waschen, trockenschütteln und hacken. Die Erdnüsse grob hacken.

6. Den Koriander unter die Fleischmasse mischen und alles auf die Tortillas verteilen. Mit den Erdnüssen bestreuen. Die Tortillas aufrollen und sofort servieren.

TIPP

- *Statt der Erdnüsse können Sie die gleiche Menge Sonnenblumenkerne verwenden, die Sie in einer Pfanne ohne Fett unter Rühren hellbraun rösten.*

Entenbrust-Reis-Wrap

schnell

- *Für 4 Personen*
- *Zubereitung: ca. 40 Min.*
- *ca. 510 kcal je Portion*

ZUTATEN

1 Entenbrustfilet (ca. 330 g)
20 g frischer Ingwer
1 rote Chilischote
1 Knoblauchzehe
3–4 EL Sojasauce
2 EL Sherry
2 Msp. Sambal Oelek
50 g Langkornreis
Salz, Pfeffer
100 g TK-Erbsen
4 Lauchzwiebeln
1 rote Paprikaschote
1 Bund Koriandergrün
4 Kräuter-Tortillas

1. Die Entenbrust häuten und für 15 Minuten ins Gefriergerät legen.

2. Den Ingwer schälen und fein würfeln. Die Chilischote entkernen und hacken (siehe Tipp S. 14). Den Knoblauch schälen, durchpressen, mit Ingwer und Chili mischen. Alles mit Sojasauce, Sherry und 1 Messerspitze Sambal Oelek verrühren.

3. Das Entenfleisch in dünne Scheiben schneiden und in die Sauce geben, ca. 10 Minuten marinieren. Die Entenhaut in dünne Streifen schneiden.

4. Den Reis waschen und in reichlich kochendem Salzwasser ca. 12 Minuten garen. 5 Minuten vor Ende der Garzeit die Erbsen dazugeben. Alles in einem Sieb abtropfen lassen.

5. Die Lauchzwiebeln waschen, putzen und in dünne Ringe schneiden. Die Paprikaschote waschen, putzen und vierteln, quer in dünne Streifen schneiden.

6. Das Fleisch abtropfen lassen, die Marinade dabei auffangen. Die Entenhaut in einer großen Pfanne bei starker Hitze knusprig ausbraten, herausnehmen und auf Küchenpapier abtropfen lassen.

7. Das Entenfett bis auf 2 Esslöffel abgießen. Das abgetropfte Fleisch 3–4 Minuten unter Rühren braten, dann das Gemüse zugeben und weitere 2 Minuten braten. Marinade zugeben und mit Sojasauce und Sambal Oelek abschmecken.

8. Das Koriandergrün waschen, trockenschütteln und hacken. Mit dem Reis unter die Entenbrustmischung heben.

9. Die Tortillas erwärmen. Die Entenbrustmasse auf den Tortillas verteilen und die Entenhautstücke darüber streuen. Tortillas zusammenrollen und servieren.

Vitello-tonnato-Wrap

italienisch

- *Für 4 Personen*
- *Zubereitung: ca. 45 Min.*
- *ca. 740 kcal je Portion*

ZUTATEN

150 g Polenta (Maisgrieß)
375 ml Gemüsebrühe (aus Fertigbrühe)
1 Dose Thunfisch in Öl (Abtropfgewicht 150 g)
3–4 Sardellenfilets
3 TL Kapern
2 EL Olivenöl
1 EL Aceto balsamico
100 g Sahne
1 Bund Basilikum
300 g Kalbsschnitzel
250 g Brokkoli
200 g Möhren
4 EL Öl
Salz, Pfeffer
4 Weizenmehl-Tortillas

1. Polenta unter Rühren in die Gemüsebrühe einrieseln lassen und offen bei schwacher Hitze 15 Minuten garen. Dabei gelegentlich umrühren. Die Polenta mit einem nassen Teigschaber auf einem Backblech ausstreichen und abkühlen lassen.

2. Für die Sauce den Thunfisch abtropfen lassen. Die Sardellen waschen und trockentupfen. Thunfisch, Sardellenfilets und 2 Teelöffel Kapern mit dem Schneidstab des Handrührgeräts fein pürieren. Dabei das Olivenöl und den Aceto balsamico untermixen. Dann die Sahne nach und nach unterarbeiten.

3. Das Basilikum waschen, trockenschütteln, einige Blättchen beiseite legen. Restliches Basilikum hacken und mit den restlichen Kapern unter die Thunfischsauce mischen.

4. Das Fleisch trockentupfen und in dünne Streifen schneiden. Den Brokkoli putzen, waschen und in sehr kleine Röschen teilen. Die Möhren schälen, schräg in dünne Scheiben schneiden. Die Polenta in ca. 2 cm große Würfel schneiden.

5. In einer großen Pfanne 2 Esslöffel Öl erhitzen und das Fleisch darin anbraten. Den Brokkoli und die Möhren dazugeben, anbraten. Salzen, pfeffern und in der geschlossenen Pfanne ca. 5 Minuten garen. Herausnehmen und warm stellen.

6. Restliches Öl in die Pfanne geben und die Polentawürfel darin anbraten. Mit dem Fleisch mischen.

7. Die Tortillas erwärmen. Kalbfleisch-Polenta-Mischung auf die Tortillas verteilen, die Sauce darüber geben und mit dem Basilikum garnieren. Die Tortillas zusammenrollen und sofort servieren.

Rindfleisch-Rucola-Wrap

Rindfleisch-Rucola-Wrap

außergewöhnlich

- *Für 4 Personen*
- *Zubereitung: ca. 30 Min.*
- *ca. 370 kcal je Portion*
- *Dazu passt ein leichter Rotwein*

ZUTATEN

250 g Tomaten
300 g Rindersteak
20 g frische Ingwerwurzel
150 g Shiitake-Pilze
3 Lauchzwiebeln
3 EL Öl
Salz, Pfeffer
1–2 EL Aceto balsamico
4 Weizenmehl-Tortillas
½ Bund Rucola (Rauke)

1. Die Tomaten mit kochendem Wasser überbrühen, abschrecken, enthäuten und entkernen. Tomatenfleisch in größere Würfel schneiden.

2. Das Fleisch in dünne Streifen schneiden. Den Ingwer dünn schälen und hacken. Mit dem Fleisch mischen.

3. Die Pilze mit einem Küchentuch abreiben, putzen und klein schneiden. Die Lauchzwiebeln waschen, putzen und das Grün in Ringe schneiden, das Weiße fein würfeln.

4. Das Öl in einer Pfanne erhitzen und die Zwiebelwürfel darin kurz andünsten. Das Fleisch zugeben und alles unter Rühren kräftig anbraten. Die Pilze und die Tomatenstücke zugeben, salzen und pfeffern. Alles etwa 5 Minuten in der offenen Pfanne garen.

5. Die Tortillas erwärmen. Die Rauke waschen, trockenschütteln und grob zerkleinern. Die Steak-Pilz-Mischung mit dem Aceto balsamico abschmecken, die grünen Zwiebelringe unterrühren.

6. Die Rauke auf den Tortillas verteilen und die Fleisch-Pilz-Mischung darauf geben. Die Tortillas zusammenrollen und sofort servieren.

Lamm-Mangold-Wrap

klassisch britisch

- *Für 4 Personen*
- *Zubereitung: ca. 1 Std.*
- *ca. 590 kcal je Portion*
- *Dazu passt Tomatensalat*

ZUTATEN

400 g Kartoffeln
100 g Schafskäse (Feta)
125 ml Buttermilch
Salz, Pfeffer
250 g Mangold
1 rote Zwiebel
1 Zweig frischer oder 1 TL getr. Rosmarin
400 g Lammfleisch (Schulter)
2 EL Olivenöl
1 TL Fenchelsamen
100 ml Fleischbrühe
4 Spinat-Tortillas

1. Die Kartoffeln schälen, waschen und in große Stücke schneiden. In wenig Wasser in ca. 20 Minuten gar kochen.

2. Schafskäse und Buttermilch mit dem Schneidstab des Handrührgeräts pürieren, salzen und pfeffern.

3. Den Mangold waschen, die Blätter von den Stielen schneiden. Die Blätter längs halbieren und in Streifen schneiden, beiseite legen. Die Stiele quer in ca. $^1/_2$ cm breite Stücke schneiden. Die Zwiebel schälen, längs halbieren und in Scheiben schneiden. Den frischen Rosmarin waschen, trockenschütteln, Blättchen abstreifen und hacken.

4. Die Kartoffeln abgießen und mit dem Kartoffelstampfer grob zerdrücken. Die Mangoldblätter und die Schafskäsesauce unter das heiße Kartoffelpüree mischen. Warm stellen.

5. Das Lammfleisch würfeln und in der Küchenmaschine grob zerkleinern. Das Öl in einer großen Pfanne erhitzen und das Lammhack darin anbraten. Mangoldstiele, Zwiebelringe und den Fenchelsamen zugeben. Alles kurz braten, dann die Brühe zugießen, salzen und pfeffern. Zugedeckt 10 Minuten schmoren lassen. Noch einmal abschmecken.

6. Die Tortillas erwärmen. Zuerst das Kartoffelpüree, dann die Lammmischung auf den Tortillas verteilen. Tortillas zusammenrollen und servieren.

TIPP

- ***Wenn Sie keinen Fenchelsamen bekommen, verwenden Sie den Inhalt aus 2 Beuteln Fencheltee.***

Pfifferling-Omelett-Wrap

herbstlich

- *Für 4 Personen*
- *Zubereitung: ca. 40 Min.*
- *ca. 440 kcal je Portion*
- *Dazu passt grüner Salat*

ZUTATEN

400 g Pfifferlinge
75 g Frühstücksspeck (Bacon)
1 Knoblauchzehe
1 Zwiebel
30 g Butter
75 g saure Sahne
Salz, Pfeffer
1 Bund Schnittlauch
4 Eier
1 Bund Rucola (Rauke)
4 Vollkorn-Tortillas

1. Die Pfifferlinge mit einer Pilzbürste säubern. (Nicht waschen, sonst saugen sich die Pilze voll Wasser.) Große Pilze längs teilen. Den Speck quer in Streifen schneiden. Knoblauch und Zwiebel schälen, die Zwiebel fein würfeln.

2. In einer Pfanne 1 Esslöffel Butter erhitzen und den Speck darin knusprig anbraten. Herausnehmen und beiseite stellen. Die Pfifferlinge mit den Zwiebelwürfeln ins heiße Fett geben, Knoblauch dazupressen, alles unter Rühren kräftig anbraten. Speck und saure Sahne zugeben und cremig einkochen lassen. Mit Salz und Pfeffer abschmecken und warm stellen.

3. Den Schnittlauch waschen, trockenschütteln und in Röllchen schneiden. Die Eier verquirlen und den Schnittlauch dazugeben. In einer kleinen Pfanne in der restlichen Butter nacheinander 4 Omeletts backen.

4. Die Tortillas erwärmen. Die Rauke putzen, waschen und trockenschleudern. In mundgerechte Stücke zerteilen.

5. Die Tortillas mit je einem Omelett, dann mit Rucola und zuletzt mit Pfifferlingen füllen, zusammenrollen und servieren.

TIPP

Am besten eignen sich kleine Pfifferlinge. Sie machen beim Putzen zwar etwas mehr Arbeit, schmecken jedoch intensiver als die großen Exemplare.

Pfifferling-Omelett-Wrap

Bratwurst-Kartoffel-Wrap

bayerisch

- *Für 4 Personen*
- *Zubereitung: ca. 1 Std.*
- *ca. 620 kcal je Portion*
- *Dazu passt Krautsalat*

ZUTATEN

400 g Kartoffeln
3 EL Rotweinessig
2–3 TL süßer Senf
Salz, Pfeffer
6 EL Olivenöl
2 TL ganzer Kümmel
2 rote Zwiebeln
1 große grüne Paprikaschote
300 g kleine Nürnberger Bratwürste
1 EL Öl
4 Weizenmehl-Tortillas

1. Die Kartoffeln schälen und in große Stücke schneiden. In wenig Salzwasser in ca. 20 Minuten gar kochen.

2. Für die Sauce den Rotweinessig mit dem Senf, 1 Teelöffel Salz, Pfeffer und Olivenöl mit dem Schneidstab des Handrührgeräts cremig aufschlagen. Den Kümmel unterrühren.

3. Die Zwiebeln schälen und würfeln. Paprikaschote waschen, putzen und in Rauten schneiden.
Die Bratwürstchen in gut 1 cm lange Stücke schneiden.

4. Das Öl in einer Pfanne erhitzen und die Bratwurststücke darin kräftig anbraten. Zwiebel- und Paprikawürfel zugeben, anbraten und alles zugedeckt ca. 5 Minuten dünsten. Wenn nötig, 3 Esslöffel Wasser zugeben.

5. Die Kartoffeln abgießen und mit dem Kartoffelstampfer grob zerdrücken. Die Sauce unter das heiße Kartoffelpüree mischen. Warm stellen.

6. Die Tortillas erwärmen. Zuerst das Kartoffelpüree, dann die Bratwurstmischung darauf verteilen. Die Tortillas zusammenrollen und sofort servieren.

Parmaschinken-Melone-Wrap

klassisch

- *Für 4 Personen*
- *Zubereitung: ca. 30 Min.*
- *ca. 390 kcal je Portion*
- *Dazu passt Roséwein*

ZUTATEN

30 g Sonnenblumenkerne
1 kleine Honigmelone (auch Netz- oder Kantalupmelone)
½ unbehandelte Zitrone
1 Bund Basilikum
2 EL Olivenöl
100 g Parmaschinken in dünnen Scheiben
schwarzer Pfeffer, grob zerstoßen
40 g Parmigiano
2 EL Aceto balsamico
4 Weizenmehl-Tortillas

1. Die Sonnenblumenkerne in einer Pfanne ohne Fett unter Rühren hellbraun rösten. Abkühlen lassen. Die Melone halbieren, entkernen, schälen und achteln. Die Achtel quer in dünne Stücke schneiden.

2. Die Zitrone heiß waschen, abtrocknen und einen ca. 7 cm langen und 1 cm breiten Streifen Schale dünn abschälen, quer in sehr feine Streifen schneiden. Das Basilikum waschen und trockenschütteln, Blätter von den Stielen zupfen und in feine Streifen schneiden. Melonenstücke, Zitrone, Basilikum und Olivenöl mischen.

3. Die Schinkenscheiben quer in Streifen schneiden. Mit den Sonnenblumenkernen zum Melonensalat geben und mit Pfeffer würzen. Den Parmigiano mit einem Sparschäler in dünne Scheiben hobeln.

4. Die Tortillas erwärmen und den Melonensalat darauf verteilen. Mit Aceto balsamico beträufeln und mit Parmesanspänen bestreuen. Tortillas zusammenrollen und sofort servieren.

TIPP

Dieser klassische Wrap eignet sich hervorragend als Vorspeise bei einem Grillfest. Der Melonensalat kann vorbereitet im Kühlschrank aufbewahrt werden. Der schnell zusammengerollte Wrap stillt den ersten Hunger und verkürzt die Wartezeit.

PARMIGIANO

So heißt der berühmteste Käse Italiens. Seine Heimatstadt Parma liegt im Norden, in der Emilia-Romagna. Der in die Rinde des Käses eingebrannte Namenszug Parmigiano Reggiano *garantiert die Echtheit. Das Aroma des Hartkäses (mind. 32% Fett i.T.) ist würzig. Die 18 bis 25 kg schweren Laibe reifen mindestens 2 Jahre, ehe sie in den Verkauf gelangen. Kaufen Sie Parmigiano immer im Stück, es kann auch ruhig ein größeres sein. Der Käse läßt sich gut einfrieren und ist tiefgekühlt besonders einfach zu reiben.*

Hähnchen-Reis-Wrap

scharf

- *Für 4 Personen*
- *Zubereitung: ca. 30 Min.*
- *ca. 470 kcal je Portion*

ZUTATEN

Für die Füllung

60 g Langkornreis
Salz
300 g Hähnchenbrustfilet
1 Limette
2 EL Sojasauce
4 Lauchzwiebeln
1 Mini-Salatgurke (ca. 200 g)
1 rote Paprikaschote
50 g Sojabohnensprossen
1 EL Öl

Für die Sauce

Cayennepfeffer
2 EL Olivenöl
1 EL geröstetes Sesamöl
1 Bund Koriandergrün
Agavendicksaft (Reformhaus oder Naturkostladen; ersatzweise Honig)
4 Weizenmehl-Tortillas

1. Den Reis in der 3-fachen Menge leicht gesalzenem Wasser garen, auf einem Sieb abgießen und abtropfen lassen. Das Hähnchenfleisch trockentupfen und würfeln.

2. Die Limette heiß waschen und die Hälfte der Schale dünn abreiben. Die Limette auspressen. Limettenschale, 1 Esslöffel Limettensaft und die Sojasauce verrühren. Die Fleischstreifen zugeben und alles gut mischen. Ziehen lassen, bis der Salat fertig ist.

3. Die Lauchzwiebeln putzen und waschen. Das Grün in Ringe schneiden, das Weiße fein würfeln. Gurke eventuell schälen, der Länge nach vierteln und in Stücke schneiden. Die Paprikaschote waschen und vierteln. Die Stücke quer in feine Streifen schneiden. Die Sojasprossen waschen und abtropfen lassen.

4. Für die Sauce den restlichen Limettensaft, Salz und 1 kräftige Prise Cayennepfeffer verrühren. Die Öle unterschlagen und mit Agavendicksaft abschmecken.

5. Den gekochten Reis mit den Lauchzwiebeln, den Paprikastreifen, den Sprossen und der Sauce mischen.

6. Die Tortillas erwärmen. Das Fleisch in 1 Esslöffel Öl unter Rühren ca. 10 Minuten braten.

7. Das Koriandergrün waschen, trockenschütteln und mit einem Teil der Stiele hacken. Die Salatmischung und den Koriander in die Pfanne geben. Alles mischen, auf die Tortillas verteilen und die Tortillas aufrollen.

AGAVENDICKSAFT

Agaven haben ihre Heimat in Mittelamerika. Es gibt etwa 300 Arten, die zum Teil auf Plantagen angebaut werden. Agaven haben fleischige Blätter, die bis zu 1,5 m lang sein können. Der dickflüssige, goldgelbe Saft wird aus den angezapften Blütenschäften gewonnen. Dabei gibt so manche Pflanze in vier Monaten 900 Liter Saft! Agavendicksaft süßt stärker als Haushaltszucker, denn er enthält ca. 90 Prozent Fruchtzucker. Darum ist Agavendicksaft auch für Diabetiker geeignet.

Hähnchen-Reis-Wrap

Puten-Pfirsich-Wrap

einfach

- *Für 4 Personen*
- *Zubereitung: ca. 30 Min.*
- *ca. 500 kcal je Portion*
- *Dazu passt Gemüsereis*

ZUTATEN

1 Radicchio (ca. 200 g)
3–4 Pfirsiche
1–2 TL grüne Pfefferkörner (aus dem Glas)
2 EL Aceto balsamico
Salz, Pfeffer, 4 EL Öl
1 Bund Basilikum
3 EL Salatmayonnaise
1 EL körniger Dijonsenf
brauner Zucker
400 g Putenbrust
4 Weizenmehl-Tortillas

1. Den Radicchio putzen und längs vierteln. In etwa fingerbreite Streifen schneiden, waschen und trockenschleudern. Die Pfirsiche waschen und in dünnen Spalten vom Stein schneiden. Radicchio und Pfirsiche mischen.

2. Den abgetropften grünen Pfeffer hacken. Aceto balsamico, Salz, Pfeffer und 2 Esslöffel Öl mit einem Schneebesen verschlagen. Den grünen Pfeffer untermischen und zum Radicchio geben.

3. Das Basilikum waschen, trockenschütteln und die Blättchen in Streifen schneiden. Salatmayonnaise, Senf und 1 Prise Zucker verrühren, das Basilikum untermischen.

4. Die Putenbrust trockentupfen und in dünne Streifen schneiden. Restliches Öl in einer Pfanne erhitzen und die Schnitzelstreifen darin unter gelegentlichem Wenden ca. 3 Minuten bei guter Hitze braten. Salzen und pfeffern. Die Pfanne vom Herd nehmen und die Radicchiomischung dazugeben.

5. Die Tortillas erwärmen und die Basilikum-Salatcreme darauf verstreichen. Die Radicchio-Schnitzel-Mischung darüber geben und die Tortillas zusammenrollen.

Feigen-Ziegenkäse-Salami-Wrap

fruchtig

- *Für 4 Personen*
- *Zubereitung: ca. 30 Min.*
- *ca. 650 kcal je Portion*
- *Dazu passt Weißwein*

ZUTATEN

150–200 g frischer Spinat
6 Feigen
100 g Fenchelsalami (oder andere Salami)
1/2 Bund Zitronenmelisse
3 EL Zitronensaft
Salz, Pfeffer
3 EL Olivenöl
40 g Pinienkerne
4 Weizenmehl-Tortillas
200 g Ziegenfrischkäse

1. Den Spinat putzen (Stiele entfernen), gründlich waschen und trockenschleudern. In mundgerechte Stücke reißen. Die Feigen waschen, der Länge nach halbieren und in Spalten schneiden. Die Salamischeiben in Streifen schneiden, auseinander zupfen.

2. Die Zitronenmelisse waschen und trockenschütteln. Einige Blättchen beiseite legen, restliche Blättchen in Streifen schneiden. Mit dem Spinat, den Feigen und der Salami mischen.

3. Den Zitronensaft mit einer kräftigen Prise Salz und Pfeffer verrühren. Das Olivenöl mit einem Schneebesen unterschlagen. Die Marinade über die Spinatmischung geben.

4. Die Tortillas erwärmen. Die Pinienkerne in einer Pfanne ohne Fett unter Rühren leicht bräunen, herausnehmen.

5. Die Spinatmischung auf die Tortillas geben und den Ziegenfrischkäse darüber krümeln. Mit den Pinienkernen bestreuen und die Tortillas zusammenrollen. Mit Zitronenmelisse garnieren und sofort servieren.

TIPPS

- ***Wenn Sie keine Feigen bekommen, verwenden sie statt dessen frische Pflaumen.***
- ***Statt Ziegenfrischkäse können Sie auch Roquefort oder einen anderen Blauschimmelkäse verwenden. Da diese recht kräftig im Geschmack sind, reichen 150 g.***

Paprikawurst-Wrap

mediterran

- *Für 4 Personen*
- *Zubereitung: ca. 20 Min.*
- *ca. 590 kcal je Portion*
- *Dazu passt Paprikasalat*

ZUTATEN

250 g Chorizo (spanische Paprikawurst)
1 Salatgurke (ca. 400 g)
1 rote Zwiebel
3 rote Peperoni (aus dem Glas)
75 g entkernte schwarze Oliven
150 g Mais (Dose)
2 EL Sherryessig oder Weißweinessig
Salz, Pfeffer
3 EL Olivenöl
4 Tomaten-Tortillas
1 Beet Kresse

1. Die Wurst häuten, längs halbieren und in dünne Scheiben schneiden. Die Gurke waschen, eventuell schälen und der Länge nach halbieren. Mit einem scharfkantigen Teelöffel die Kerne herauskratzen. Die Gurke in Scheiben schneiden.

2. Die Zwiebel schälen, längs halbieren und in dünne Scheiben schneiden. Die Peperoni aufschlitzen, die Kerne entfernen und die Peperoni in feine Streifen schneiden.

3. Den Mais in ein Sieb geben und abtropfen lassen. Den Essig mit Salz und Pfeffer und Olivenöl verrühren, alle Zutaten darin kurz marinieren lassen.

4. Die Tortillas erwärmen. Die Kresse abschneiden. Abgetropfte Mischung auf den Tortillas verteilen und mit der Kresse bestreuen. Die Tortillas zusammenrollen und sofort servieren.

TIPP

- ***Variation mit Kartoffeln und Mais:** 300 g Pellkartoffeln klein würfeln und in 2 Esslöffel Olivenöl braten, salzen und pfeffern. Den Mais zugeben und erhitzen. Übrige Zutaten untermischen, mit Kresse bestreuen und in die erwärmten Tortillas einrollen.*

Paprikawurst-Wrap

Bratkartoffel-Ei-Wrap

deftig

- *Für 4 Personen*
- *Zubereitung: ca. 30 Min.*
- *ca. 640 kcal je Portion*
- *Dazu passen Bratwürstchen*

ZUTATEN

400 g Pellkartoffeln
150 g Frühstücksspeck (Bacon)
1 kleine Zwiebel
Salz, Pfeffer
1 Bund Schnittlauch
1 Bund frischer oder 2 TL getr. Oregano
125 g Gewürz-Ketchup
1 EL Butter
4 Eier (Größe XL)
4 Weizenmehl-Tortillas

1. Die Kartoffeln pellen und in ca. 2 cm große Würfel schneiden. Den Speck quer in Streifen schneiden. Die Zwiebel schälen und fein würfeln.

2. Den Speck in einer großen Pfanne knusprig ausbraten. Kartoffelwürfel zugeben und von allen Seiten anbraten. Erst jetzt die Zwiebelwürfel zugeben. Die Hitze reduzieren, salzen und pfeffern. Alles 5 Minuten braten, dabei gelegentlich wenden. Kartoffeln aus der Pfanne nehmen und warm stellen.

3. Schnittlauch und Oregano waschen und trockenschütteln. Schnittlauch in Röllchen schneiden, Oreganoblättchen hacken. Die Kräuter mit dem Ketchup verrühren.

4. Die Tortillas erwärmen. Die Butter in einer Pfanne erhitzen und 4 Spiegeleier braten. Die Eier salzen.

5. Die Bratkartoffeln mit der Gewürzsauce mischen und auf die Tortillas verteilen. Je 1 Spiegelei darauf geben, Tortillas zusammenrollen und sofort servieren.

Teriyaki-Hähnchen-Wrap

einfach

- *Für 4 Personen*
- *Zubereitung: ca. 45 Min.*
- *ca. 460 kcal je Portion*

ZUTATEN

350 g Hähnchenbrustfilet
4 EL Teriyaki-Sauce
1 Knoblauchzehe
60 g Jasminreis
Salz, Pfeffer
400 g Brokkoli
1 Bund Lauchzwiebeln
4 EL Öl
2 TL brauner Zucker
1 Bund Koriandergrün
75 g Joghurt
50 g Salatmayonnaise
4 Tomaten-Tortillas

1. Das Hähnchenfleisch waschen und trockentupfen. In Würfel schneiden und mit 3 Esslöffel Teriyaki-Sauce vermischen. Den Knoblauch schälen, durchpressen und untermischen.

2. Den Reis in der 3-fachen Menge leicht gesalzenem Wasser 12 Minuten garen. Den Brokkoli putzen, waschen und in sehr kleine Röschen teilen. Den Stiel schälen und in kleine Würfel schneiden.

3. Nach der Hälfte der Garzeit den Brokkoli zum Reis geben. Alles aufkochen und den Reis bei kleiner Hitze fertig garen. Auf einem Sieb kurz abtropfen lassen, warm stellen.

4. Die Lauchzwiebeln putzen, waschen und in ca. 3 cm lange Stücke schneiden. Das Weiße der Länge nach halbieren. 2 Esslöffel Öl in einer großen Pfanne erhitzen und die Lauchzwiebeln darin unter Wenden 2 Minuten braten, mit dem Zucker bestreuen und karamelisieren lassen. Zwiebeln aus der Pfanne nehmen und warm stellen.

5. Restliches Öl in der Pfanne erhitzen, die Fleischwürfel darin unter Rühren ca. 5 Minuten braten. Mit Salz, Pfeffer und restlicher Teriyaki-Sauce abschmecken.

6. Die Tortillas erwärmen. Den Koriander waschen, trockenschütteln und hacken. Mit dem Joghurt und der Mayonnaise verrühren.

7. Auf den Tortillas nacheinander Brokkoli-Reis, Fleischwürfel und Zwiebeln verteilen. Je einen Klacks Koriandersauce darauf geben und die Tortillas zusammenrollen. Restliche Koriandersauce dazu servieren.

Garnelen-Wrap nach Cajun-Art

feurig

- *Für 4 Personen*
- *Zubereitung: ca. 40 Min.*
- *ca. 500 kcal je Portion*

ZUTATEN

400 g Riesengarnelen (geschält, TK)
60 g Vollkornreis (parboiled)
Salz
1 grüne Chilischote
1 rote Zwiebel
1 Knoblauchzehe
2 EL Öl
je 1/2 TL gem. Kreuzkümmel, Koriander und Piment
200 g Pizzatomaten (Dose)
150 g Mais (Dose)
1 Bund Koriandergrün
4 Tomaten-Tortillas
4 EL Crème fraîche

1. Die Garnelen auf ein Sieb geben und auftauen lassen. Den Reis in der 3-fachen Menge leicht gesalzenem Wasser garen, auf einem Sieb abtropfen lassen.

2. Für die Sauce die Chilischote waschen, längs aufschlitzen, entkernen und fein würfeln (siehe Tipp S. 14). Zwiebel und Knoblauch schälen, die Zwiebel fein würfeln.

3. Die Zwiebel in heißem Öl anbraten, Chiliwürfel zugeben, Knoblauch dazupressen. Die Gewürze zugeben und kurz mitbraten. Mit den Tomaten ablöschen und alles bei kleiner Hitze offen ca. 15 Minuten kochen lassen.

4. Den Mais auf einem Sieb abtropfen lassen. Mit den Garnelen in die Sauce geben und erhitzen.

5. Die Tortillas erwärmen. Koriandergrün waschen, trockenschütteln und hacken. In die Sauce geben und alles noch einmal abschmecken.

6. Auf den Tortillas den Reis und dann die Garnelensauce verteilen. Die Crème fraîche darüber geben und die Tortillas zusammenrollen, sofort servieren.

KORIANDERGRÜN

Die zarten Blätter der Korianderpflanze werden in Mexiko „Cilantro" und in Asien „chinesische Petersilie" genannt. Das Grün wird nicht von allen Feinschmeckern geschätzt, viele erinnert das Aroma der Korianderblätter an Wanzen. Das Kraut schmeckt am besten, wenn Sie die Blättchen vor dem Hacken gut trockenschütteln. Dann wird der Geschmack nicht durch anhängendes Wasser verwässert. In Asien werden die Blätter oft in ein kleines Gefäß gegeben und mit der Schere fein zerkleinert. Übrigens: In der thailändischen Küche werden auch die Wurzeln verwendet.

Räucherlachs-Wrap

für Gäste

- *Für 4 Personen*
- *Zubereitung: ca. 30 Min.*
- *ca. 560 kcal je Portion*
- *Dazu passt Sekt oder Champagner*

ZUTATEN

300 g Räucher- oder Gravedlachs in dünnen Scheiben
200 g Doppelrahm-Frischkäse
2 EL Zitronensaft
2 TL geriebener Meerrettich
3 EL Kapern (aus dem Glas)
1 Mini-Salatgurke (ca. 200 g)
1 Fenchelknolle
2 rote Zwiebeln
1 Bund Dill
2 EL Olivenöl
Salz, Pfeffer
4 Kräuter-Tortillas

1. Den Lachs in kleinfingerdicke Streifen schneiden. Frischkäse, Zitronensaft und Meerrettich mit den Quirlen des Handrührgeräts cremig aufschlagen. Die abgetropften Kapern hacken und unter die Frischkäsecreme mischen.

2. Die Gurke waschen, eventuell schälen, in Stifte schneiden oder grob raspeln. Den Fenchel putzen, waschen und ebenfalls in Stifte schneiden oder raspeln. Die Zwiebeln schälen und fein würfeln. Gurke mit Fenchel und Zwiebelwürfeln mischen.

3. Den Dill waschen und trockenschütteln. Einige Dillspitzen für die Garnitur beiseite legen. Restlichen Dill hacken und zur Gurken-Fenchel-Mischung geben. Das Olivenöl untermischen, salzen und pfeffern.

4. Die Tortillas erwärmen und die Frischkäsecreme darauf verstreichen. Die Lachsstreifen darauf legen und mit der Gurken-Fenchel-Mischung bedecken. Die Tortillas zusammenrollen und mit den Dillspitzen garnieren. Sofort servieren.

TIPPS

- *Dieser Wrap ergibt einen prima Appetithappen zum Aperitif. Dann den Wrap geschlossen aufrollen, mit Zahnstochern im Abstand von 3 cm zusammenstecken und zwischen den Hölzchen in Scheiben schneiden.*
- *Wenn Sie gerne asiatisch essen, verwenden Sie statt geriebenen Meerrettich japanischen Wasabi (grüne Meerrettichpaste oder -pulver).*

Räucherlachs-Wrap

Krabben-Rührei-Wrap

norddeutsch

- *Für 4 Personen*
- *Zubereitung: ca. 25 Min.*
- *ca. 610 kcal je Portion*
- *Dazu passt grüner Salat*

ZUTATEN

2 Scheiben Schwarzbrot (ca. 120 g)
2 EL Öl
250 g Cocktailtomaten
1 Bund Schnittlauch
4–6 Blätter Eisbergsalat
4 Eier (Größe XL)
125 g Kräuter-Crème-fraîche
Salz, Pfeffer
Muskatnuss
40 g Butter
4 Weizenmehl-Tortillas
200 g Nordseekrabben

1. Das Schwarzbrot in etwa 1 cm große Würfel schneiden. Das Öl in einer großen Pfanne erhitzen und die Würfel bei mittlerer Hitze unter Wenden knusprig braten. Warm stellen.

2. Die Cocktailtomaten waschen und halbieren oder vierteln. Den Schnittlauch waschen, trockenschütteln und in Röllchen schneiden. Tomaten und Schnittlauch mischen.
Den Salat waschen, trockenschleudern und in Streifen schneiden.

3. Die Eier mit 3 EL Crème fraîche verquirlen, salzen und pfeffern. Die Butter in einer Pfanne erhitzen, die Eier zugeben und bei schwacher Hitze stocken lassen. Vom Pfannenrand in die Mitte schieben und ganz stocken lassen. Warm stellen.

4. Die Tortillas erwärmen. Schwarzbrotcroûtons, Tomaten und Rühreier darauf verteilen. Krabben darüber streuen und die restliche Crème fraîche darauf geben. Zusammenrollen und sofort servieren.

TIPP

- *Dieser Wrap schmeckt auch mit 200 g gewürfeltem Räucherlachs sehr gut.*

Catfish-Wrap

feurig

- *Für 4 Personen*
- *Zubereitung: ca. 30 Min. (plus ca. 1 Std. zum Marinieren)*
- *ca. 610 kcal je Portion*
- *Dazu passt Paprikasalat*

ZUTATEN

Für die Füllung

400 g Catfish- oder Lengfischfilet
1 rote Chilischote
2 Knoblauchzehen
4 Zweige Thymian
4 Zweige Majoran
1 Zitrone
Salz, Pfeffer
50 g Jasminreis

Für die Sauce

1 rote Zwiebel
7 EL Erdnussöl
½–1 TL Sambal Oelek
4 EL Erdnussbutter
1–2 EL süße Sojasauce
1 EL Zitronensaft
4 Tomaten-Tortillas

1. Die Catfishfilets waschen, trockentupfen und in Würfel schneiden. Die Chilischote waschen, längs aufschlitzen, entkernen und fein würfeln (siehe Tipp S. 14).

2. Den Knoblauch schälen und fein hacken. Thymian und Majoran waschen, trockenschütteln, Blättchen abzupfen und hacken. Die Zitrone heiß waschen und die Hälfte der Schale dünn abreiben. Die Zitrone auspressen. Zitronensaft und -schale, Chili, die Hälfte des Knoblauchs und die Kräuter gut mischen. Salzen und pfeffern.

3. Die Marinade unter die Fischwürfel mischen und zugedeckt ca. 1 Stunde ziehen lassen.

4. Den Reis in der 3-fachen Menge leicht gesalzenem Wasser in ca. 10 Minuten garen. Auf einem Sieb abtropfen lassen.

5. Für die Sauce die Zwiebel schälen und fein würfeln. 4 Esslöffel Erdnussöl erhitzen und die Zwiebelwürfel mit dem restlichen Knoblauch darin andünsten. Sambal Oelek, Erdnussbutter, Sojasauce und Zitronensaft zugeben. Mit ⅛ l Wasser auffüllen und so lange kochen lassen, bis sich alles verbunden hat.

6. Restliches Erdnussöl in einer Pfanne erhitzen. Die Fischstücke aus der Marinade nehmen, die Marinade dabei großzügig abstreifen. Fischstücke in heißem Öl ca. 7 Minuten braten, dabei öfter wenden. Den Reis untermischen und alles erhitzen.

7. Die Tortillas erwärmen. Die Hälfte der Sauce auf die Tortillas geben. Die Catfish-Reis-Mischung darauf verteilen und mit der restlichen Sauce beträufeln. Die Tortillas zusammenrollen und sofort servieren.

Nizzasalat-Wrap

klassisch

- *Für 4 Personen*
- *Zubereitung: ca. 40 Min.*
- *ca. 690 kcal je Portion*

ZUTATEN

400 g breite grüne Bohnen
6 EL Olivenöl
Salz, Pfeffer
2 Dosen Thunfisch in Öl (Abtropfgewicht je 150 g)
75 g entkernte schwarze Oliven
1 große gelbe Paprikaschote
2 rote Zwiebeln
1 Zitrone
1–2 EL Dijonsenf
½–1 Bund Estragon
150 g Schafskäse (Feta)
4 Tomaten-Tortillas

1. Die Bohnen putzen, waschen und in etwa 2 cm breite Stücke schneiden.
In 2 Esslöffel Öl anbraten. Salzen, eine halbe Tasse Wasser zugießen und zugedeckt etwa 8–10 Minuten köcheln lassen. Auf einem Sieb abtropfen lassen.

2. Den Thunfisch abtropfen lassen. Die Oliven längs vierteln. Die Paprikaschote waschen und vierteln, in kleine Rauten schneiden. Die Zwiebeln schälen, längs halbieren und in Halbringe schneiden.

3. Den Schafskäse in kleine Würfel schneiden oder mit einer Gabel zerkrümeln. Den Thunfisch in kleine Stücke teilen. Bohnen, Paprika, Zwiebeln, Schafskäse, Oliven und Thunfisch mischen.

4. Die Zitrone auspressen und den Saft mit Senf, Salz und Pfeffer verrühren.
4 Esslöffel Olivenöl unterschlagen.

5. Den Estragon waschen und trockenschütteln. Einige Blättchen für die Garnitur beiseite legen. Restlichen Estragon hacken und unter die Marinade mischen. Über die Bohnen-Thunfisch-Mischung geben.

6. Die Tortillas erwärmen. Die Bohnen-Thunfisch-Mischung kurz abtropfen lassen und auf den Tortillas verteilen. Zusammenrollen, mit dem Estragon garnieren und sofort servieren.

TIPPS

- ***Typischerweise kommen noch Eier in einen Nizzasalat. Dazu 4 kleine Eier in ca. 8 Minuten hart kochen. Abschrecken, schälen und in Scheiben schneiden. Mit dem Salat auf den Tortillas verteilen und zusammenrollen.***
- ***Lecker schmecken auch Knoblauchcroûtons, die mit eingerollt werden.***

Nizzasalat-Wrap

Garnelen-Mango-Wrap

exotisch

- *Für 4 Personen*
- *Zubereitung: ca. 30 Min. (plus ca. 30 Min. zum Marinieren)*
- *ca. 400 kcal je Portion*
- *Dazu passt Eisbergsalat mit Tomaten*

ZUTATEN

400 g Riesengarnelen (geschält, TK)
½ Zitrone
1 Mango
1 rote Zwiebel
1–2 grüne Chilischoten
je 1 kleine rote und grüne Paprikaschote
Salz, Pfeffer
3 EL Salatmayonnaise
1–2 EL körniger Dijonsenf
4 Kurkuma-Tortillas

1. Die Garnelen in ein Sieb geben und auftauen lassen. Die halbe Zitrone auspressen. Die Mango schälen, vom Stein schneiden und fein würfeln. Mangowürfel mit Zitronensaft mischen.

2. Die Zwiebel schälen und fein würfeln. Die Chilischoten waschen und längs halbieren, Trennwände und Samen entfernen, Schoten fein würfeln (siehe Tipp S. 14). Zwiebel- und Chiliwürfel zur Mango geben.

3. Die Paprikaschoten waschen und in kleine Würfel schneiden. Paprikawürfel und abgetropfte Garnelen zu den übrigen Zutaten geben und mit Salz und Pfeffer würzen. Alles zugedeckt etwa 30 Minuten marinieren lassen.

4. Die Tortillas erwärmen. Mayonnaise und Dijonsenf verrühren. Die Mango-Garnelen-Mischung auf den Tortillas verteilen und je 1 Esslöffel Senfcreme darauf setzen. Tortillas zusammenrollen und sofort servieren.

Forellen-Wrap

gut zum Mitnehmen

- *Für 4 Personen*
- *Zubereitung: ca. 30 Min.*
- *ca. 500 kcal je Portion*
- *Dazu passt Tomatensalat*

ZUTATEN

1 Dose Borlotti-Bohnen (250 g Abtropfgewicht)
1 TL ganzer Kreuzkümmel
1/2 TL ganzer Koriander
Salz, Pfeffer
2 reife Avocados
3 EL Zitronensaft
1–2 grüne Chilischoten
1 rote Zwiebel
2 Selleriestangen
250 g geräuchertes Forellenfilet
4 Tomaten-Tortillas

1. Die Bohnen auf einem Sieb abtropfen lassen, den Sud auffangen. Kreuzkümmel und Koriander in einer Pfanne ohne Fett unter Rühren rösten, bis sie würzig duften. In einem Mörser zerkleinern.

2. Die Gewürze, die Bohnen und 3–4 Esslöffel Bohnenflüssigkeit mit dem Schneidstab des Handrührgeräts pürieren. Die Masse soll cremig sein, evtl. weitere Bohnenflüssigkeit zugeben. Mit Salz und Pfeffer abschmecken.

3. Die Avocados halbieren, den Kern entfernen und das Fruchtfleisch mit einem großen Löffel aus der Schale heben. Das Fruchtfleisch sofort mit dem Zitronensaft mischen und mit dem Schneidstab des Handrührgeräts fein pürieren.

4. Die Chilischote aufschlitzen, Kerne und Trennwände entfernen, klein würfeln (siehe Tipp S. 14). Die Zwiebel schälen und fein würfeln. Die Selleriestangen waschen und in dünne Scheiben schneiden. Mit Chili- und Zwiebelwürfeln unter das Avocadopüree mischen. Mit Salz und Pfeffer abschmecken.

5. Die Tortillas erwärmen. Die Forellenfilets mit einer Gabel in Stücke teilen. Bohnenpüree, Forellenfilet und Avocadocreme auf die Tortillas verteilen. Die Tortillas zusammenrollen und servieren.

KORIANDERKÖRNER

Dunkelbraun und rund sind die Samen des Korianders. Die Körner haben ein ganz anderes Aroma als die Blätter. Der Geschmack ist leicht süßlich bis würzig-holzig. Wie Kreuzkümmel ist Koriander Bestandteil von Currymischungen. In Europa werden sowohl süße Speisen (Lebkuchen) als auch herzhafte Gerichte (Pasteten) mit Koriander gewürzt. Korianderkörner wirken appetitanregend und gegen Blähungen.

Lachs-Wrap

edel

- *Für 4 Personen*
- *Zubereitung: ca. 40 Min.*
- *ca. 490 kcal je Portion*
- *Dazu passt Champagner oder Sekt*

ZUTATEN

300 g Lachsfilet ohne Haut
6 EL Sojasauce
60 g Jasminreis
Salz
1 reife Avocado
1 Mini-Salatgurke (ca. 200 g)
3 Lauchzwiebeln
½ Limette
½–1 TL Wasabi-Paste (grüner Meerrettich, aus dem Asienladen)
1 Pr. Zucker
1 EL ungeschälte Sesamsaat
2 EL Öl
4 Weizenmehl-Tortillas

1. Das Lachsfilet waschen, trockentupfen (eventuell entgräten) und 1 cm große Würfel schneiden. Die Würfel mit 2 Esslöffel Sojasauce beträufeln und beiseite stellen.

2. Den Reis in der 3-fachen Menge leicht gesalzenem Wasser ca. 10 Minuten kochen, auf einem Sieb abtropfen lassen.

3. Die Avocado halbieren, den Kern entfernen und das Fruchtfleisch mit einem grossen Löffel aus der Schale heben. Das Avocadofleisch würfeln. Die Gurke eventuell schälen, entkernen und würfeln. Die Lauchzwiebeln waschen und mit dem Grün schräg in feine Ringe schneiden.

4. Die Limette auspressen und den Saft mit der restlichen Sojasauce und 1–2 Esslöffeln Wasser verrühren. Die Wasabi-Paste unterrühren und mit Zucker abschmecken.

5. Den Sesam in einer Pfanne ohne Fett unter Rühren anrösten. Herausnehmen und beiseite stellen. Das Öl in der Pfanne erhitzen und die Lachswürfel darin ca. 6 Minuten braten, dabei ab und zu vorsichtig wenden.

6. Die Tortillas erwärmen. Den Reis mit Avocado- und Gurkenwürfeln mischen, die Sauce zugeben.

7. Die Reismischung auf die Tortillas verteilen und die Lachswürfel darauf geben. Alles mit dem angerösteten Sesam bestreuen. Die Tortillas zusammenrollen und sofort servieren.

WASABI

Seit über 1000 Jahren ist der japanische Meerrettich in seiner Heimat bekannt. Dort wächst die Pflanze auf allen Inseln am Rande der Gebirgsflüsse. Die ähnlich wie unser Meerrettich schmeckende Wurzel kann man in Europa nicht bekommen. Im Asienladen finden Sie Wasabi-Paste oder -Pulver. Letzteres muß mit der gleichen Menge Wasser angerührt werden und sollte bis zur Verwendung etwa 15 Minuten quellen. In der japanischen Küche wird Wasabi, vermischt mit Sojasoße, zu Sushi gereicht.

Lachs-Wrap

Caesar-Salat-Wrap mit Surimi

klassisch

- *Für 4 Personen*
- *Zubereitung: ca. 25 Min.*
- *ca. 470 kcal je Portion*

ZUTATEN

2–3 Knoblauchzehen
3 EL Dijonsenf
4 EL Orangensaft
3 EL Zitronensaft
2 TL Worcestershiresauce
1/2 TL Honig
3 EL Olivenöl
50 g Parmigiano
Salz, Pfeffer
250 g Krebsfleisch (Surimi)
1/2 Römersalat
100 g Brot Chips
4 Vollkorn-Tortillas

1. Den Knoblauch schälen. Den Senf mit Orangensaft, Zitronensaft, Worcestershiresauce und Honig verrühren. Das Olivenöl mit einem Schneebesen unterschlagen. Den Parmigiano reiben, untermischen. Salatsauce mit Salz und Pfeffer abschmecken.

2. Surimi in kleine Würfel schneiden. Den Salat waschen und trockenschleudern. Salatblätter entlang der Mittelrippe halbieren und quer in etwa fingerbreite Streifen schneiden.

3. Römersalat und Surimistücke mischen. Die Brot Chips darüber zerkrümeln.

4. Die Tortillas erwärmen. Den Salat mit der Sauce mischen, auf die Tortillas geben, zusammenrollen. Sofort servieren.

TIPP

In Amerika wird die Sauce vielfach mit Sardellen abgeschmeckt. Dazu 4 Sardellenfilets (aus dem Glas) waschen, mit einer Gabel fein zerdrücken und unter die Salatsauce mischen.

Matjes-Krabben-Wrap

gut vorzubereiten

- *Für 4 Personen*
- *Zubereitung: ca. 30 Min.*
- *ca. 780 kcal je Portion*

ZUTATEN

2 Eier
8 Matjesfilets (à ca. 150 g)
3 Selleriestangen
100 g Butterkäse
100 g Nordseekrabben
1 Birne
2 EL Zitronensaft
4–6 Blätter Eisbergsalat
20 g frischer Ingwer
75 g Joghurt
50 g Salatmayonnaise
1 TL scharfer Senf
1 Beet Kresse
4 Kräuter-Tortillas

1. Die Eier in ca. 9 Minuten hart kochen. Abschrecken, schälen, abkühlen lassen und hacken. Die Matjes waschen, trockentupfen und klein würfeln.

2. Sellerie putzen, waschen und in dünne Scheiben schneiden. Käse fein würfeln. Alles mit den Krabben mischen.

3. Die Birne waschen, vierteln und das Kerngehäuse entfernen. In Würfel schneiden und mit dem Zitronensaft mischen.

4. Den Salat waschen, trockenschleudern und in Streifen schneiden.

5. Den Ingwer schälen und fein hacken. Mit Joghurt, Mayonnaise und Senf verrühren. Leicht salzen und pfeffern. Birnen, Salat und Matjesmischung unterrühren.

6. Die Tortillas erwärmen. Die Kresse vom Beet schneiden. Die Matjesmischung auf den Tortillas verteilen und mit der Kresse bestreuen. Tortillas zusammenrollen und servieren.

TIPP

- *Diesen Wrap können Sie prima für Gäste vorbereiten: Die Matjesmischung zubereiten und im Kühlschrank 2–3 Stunden ziehen lassen. Die Kresse erst kurz vor dem Servieren darüber streuen.*

MATJES

Matjes sind junge, noch nicht laichreife Heringe. Matjes wird von Mitte Mai bis Ende Juli gefangen, dann hat er einen Fettgehalt von etwa 20 Prozent. Er wird fangfrisch ausgenommen und eingesalzen. Nach etwa zwei Wochen ist der Matjes zart und aromatisch.
Matjes von guter Qualität ist nur mild gesalzen, darum muß er vor dem Verzehr nicht gewässert werden. Er schmeckt am besten frisch, kaufen Sie deshalb nicht auf Vorrat.
Übrigens: Echten holländischen Matjes erkennen Sie daran, daß er als Doppelfilet verkauft wird.

Auberginen-Schafskäse-Wrap

mediterran

- *Für 4 Personen*
- *Zubereitung: ca. 45 Min.*
- *ca. 530 kcal je Portion*

ZUTATEN

200 g Schafskäse (Feta)
½–1 Bund Pfefferminze
1 große rote Paprikaschote
300 g Tomaten
1 große Aubergine
250 g Zucchini
1–2 milde Peperoni
1–2 Zwiebeln
2 Knoblauchzehen
6 EL Olivenöl
Salz, Pfeffer
2 TL süßes Paprikapulver
½–1 TL Kreuzkümmel
½ Zitrone
4 Kräuter-Tortillas

1. Den Schafskäse zerbröckeln. Die Pfefferminze waschen, trockenschütteln, vom Zweig zupfen und hacken. Mit dem Schafskäse mischen und beiseite stellen.

2. Backofen auf 200 °C (Umluft 170 °C, Gas 3) vorheizen. Die Paprika waschen, halbieren und putzen.
Auf einem Backblech im Ofen so lange backen, bis die Haut Blasen wirft. In einen Gefrierbeutel geben und ca. 10 Minuten ruhen lassen.

3. Die Tomaten überbrühen, häuten und entkernen, Tomatenfleisch würfeln. Aubergine und Zucchini waschen, putzen und in ca. 1 cm große Würfel schneiden. Die Peperoni von Stiel und Samen befreien und in Ringe schneiden. Zwiebel und Knoblauch schälen, Zwiebel fein würfeln, Knoblauch durchpressen.

4. Das Öl in einer großen Pfanne erhitzen und die Auberginen darin etwa 5 Minuten unter Rühren braten. Nach 2 Minuten Zucchini, Zwiebel und Knoblauch untermischen und mitbraten. Salzen und pfeffern.

5. Den Kreuzkümmel im Mörser zerkleinern und mit Paprikapulver und Zitronensaft unter das Gemüse mischen. Die Paprika häuten und in Streifen schneiden. Paprika, Tomaten und Peperoni ebenfalls untermischen.

6. Die Tortillas erwärmen. Die Gemüsemischung darauf verteilen und den Schafskäse darüber streuen. Die Tortillas zusammenrollen und sofort servieren.

Birnen-Sellerie-Wrap

knackig

- *Für 4 Personen*
- *Zubereitung: ca. 30 Min.*
- *ca. 510 kcal je Portion*
- *Dazu passt Portwein*

ZUTATEN

50 g Roquefort
200 g Doppelrahm-Frischkäse
75 g saure Sahne
2 EL Birnengeist (kann weggelassen werden)
Salz, Pfeffer
4–6 Selleriestangen
2 rotschalige Birnen
3 EL Zitronensaft
½ Eisbergsalat
4 Kräuter-Tortillas
4 TL rote Pfefferbeeren

1. Für die Sauce den Roquefort mit einer Gabel zerdrücken, mit dem Frischkäse und der sauren Sahne verrühren. Den Birnengeist untermischen. Leicht salzen und pfeffern.

2. Den Stangensellerie putzen und waschen. Die Blättchen für die Garnitur beiseite legen. Die Stangen in dünne Scheiben schneiden. Birnen waschen und halbieren, Kerngehäuse entfernen, würfeln. Sofort mit dem Zitronensaft mischen.

3. Den Eisbergsalat waschen, trockenschleudern und in etwa fingerbreite Streifen schneiden. Mit den Birnen und dem Stangensellerie mischen.

4. Die Tortillas erwärmen. Die Hälfte der Käsesauce auf den Tortillas verstreichen. Die Birnen-Salat-Mischung darauf verteilen und die restliche Käsesauce darauf geben. Pfefferbeeren darüber streuen und die Tortillas zusammenrollen. Mit dem Selleriegrün garnieren und sofort servieren.

TIPP

- *Variante mit Entenbrust: Eine Entenbrust (ca. 330 g) häuten. Das Fleisch salzen und pfeffern. Die Haut in einer Pfanne knusprig ausbraten, herausnehmen und wegwerfen. Die Entenbrust auf beiden Seiten anbraten und bei mittlerer Hitze in 20 Minuten durchbraten, dabei alle 5 Minuten wenden. Entenbrust fest in Alufolie wickeln und abkühlen lassen. Das kalte Fleisch würfeln und zur Birnen-Salat-Mischung geben.*

Birnen-Sellerie-Wrap

Fenchel-Möhren-Wrap

vollwertig

- *Für 4 Personen*
- *Zubereitung: ca. 45 Min.*
- *ca. 470 kcal je Portion*

ZUTATEN

200 ml Gemüsebrühe
60 g Bulgur
1 unbehandelte Orange
2 Fenchelknollen (ca. 600 g)
200 g Möhren
20 g Butter
75 g Gorgonzola
150 g Schmand
Salz, Pfeffer
4 Vollkorn-Tortillas

1. Die Gemüsebrühe aufkochen, den Bulgur hineingeben und vom Feuer nehmen. Den Bulgur ca. 10 Minuten zugedeckt ausquellen lassen.

2. Die Orange heiß waschen und die Schale mit einem Zestenreißer in Streifen abschälen, zum Bulgur geben. Die Orange auspressen, Saft ggf. mit Wasser auf 125 ml auffüllen.

3. Den Fenchel putzen und waschen. Das Grün beiseite legen. Die Knollen in dünne Scheiben schneiden. Möhren schälen, waschen und in dünne Scheiben schneiden.

4. Die Butter in einem flachen Topf erhitzen. Fenchel und Möhren darin anbraten. Orangensaft zugießen, salzen und pfeffern. Zugedeckt ca. 10 Minuten leise köcheln lassen.

5. Den Gorgonzola und den Schmand mit dem Schneidstab des Handrührgeräts pürieren. Mit dem Bulgur unter den Fenchel rühren.

6. Die Tortillas erwärmen. Die Fenchelmischung darauf verteilen und mit dem Fenchelgrün garnieren. Die Tortillas zusammenrollen und sofort servieren.

Huevos Wrapcheros

mexikanisch

- *Für 4 Personen*
- *Zubereitung: ca. 35 Min.*
- *ca. 610 kcal je Portion*

ZUTATEN

1–2 grüne Chilischoten
1 rote Zwiebel
1 Knoblauchzehe
2 EL Öl
400 g Pizzatomaten (Dose)
1 Dose weiße Bohnen (Abtropfgewicht 255 g)
1 TL gem. Kreuzkümmel
1 Pr. gem. Zimt
1 Bund Koriandergrün
Salz, Pfeffer
4–6 Eier (Größe L)
4–6 EL Milch
75 g mittelalter Gouda
4 Tomaten-Tortillas

1. Die Chilischote längs aufschlitzen, entkernen und waschen, fein würfeln (siehe Tipp S. 14). Zwiebel und Knoblauch schälen, die Zwiebel fein würfeln.

2. Die Zwiebel in einem flachen Topf in heißem Öl anbraten, Chiliwürfel zugeben, den Knoblauch dazupressen. Mit den Tomaten ablöschen und alles bei kleiner Hitze offen ca. 15 Minuten kochen lassen.

3. Die Bohnen in einem Sieb abtropfen lassen. Die Salsa mit Kreuzkümmel und Zimt würzen, die Bohnen untermischen. Alles einmal aufkochen.

4. Das Koriandergrün waschen, trockenschütteln und hacken. Salsa mit Salz und Pfeffer abschmecken, das Koriandergrün unterrühren.

5. Die Eier mit der Milch verquirlen. Butter in einer großen Pfanne erhitzen, Eier zugeben und bei schwacher Hitze stocken lassen, vom Pfannenrand in die Mitte schieben und braten, bis sie ganz gestockt sind.

6. Die Tortillas erwärmen. Den Käse reiben. Die Bohnensalsa auf die Tortillas geben und die Rühreier auf der Salsa verteilen, mit dem Käse bestreuen und zusammenrollen. Sofort servieren.

TIPP

Sie können auch die doppelte Menge der Salsa picante zubereiten. Sie hält sich fest verschlossen im Kühlschrank ca. 14 Tage. Sie können die Salsa zu Tortillachips servieren. Die typisch mexikanische Tomatensauce gibt es auch als Fertigprodukt.

Hüttenkäse-Wrap

erfrischend

- *Für 4 Personen*
- *Zubereitung: ca. 30 Min.*
- *ca. 340 kcal je Portion*
- *Dazu passt Bulgur*

ZUTATEN

1 unbehandelte Zitrone
200 g körniger Frischkäse
Salz, Pfeffer
250 g Tomaten
200 g Möhren
1 gelbe Paprikaschote
3 Lauchzwiebeln
1 Bund Basilikum
4–8 Salatblätter
40 g Kürbiskerne
4 Kräuter-Tortillas

1. Die Zitrone heiß waschen und die Schale abreiben, Saft auspressen. Die Zitronenschale mit dem Frischkäse mischen, salzen und pfeffern.

2. Die Tomaten waschen, quer halbieren und entkernen. Das Fruchtfleisch klein würfeln und auf Küchenpapier abtropfen lassen. Die Möhren schälen, grob raspeln. Mit 3 Esslöffel Zitronensaft mischen.

3. Die Paprika waschen und vierteln, in kleine Würfel schneiden. Die Lauchzwiebeln putzen, waschen und in Ringe schneiden. Das Basilikum waschen, trockenschütteln und die Blätter in Streifen schneiden.

4. Frischkäse, Tomaten, Möhren, Paprika, Basilikum und Lauchzwiebeln mischen, salzen und pfeffern. Die Salatblätter waschen und trockenschleudern.

5. Die Kürbiskerne grob hacken und in einer Pfanne ohne Fett hellbraun rösten, zum Frischkäse geben. Die Tortillas erwärmen, mit den Salatblättern belegen und die Frischkäse-Gemüse-Mischung darauf verteilen. Die Tortillas zusammenrollen und servieren.

TIPP

Die Frischkäse-Gemüse-Mischung lässt sich gut vorbereiten. Lassen Sie die Füllung etwa 15 Minuten abtropfen und füllen Sie die Tortillas. So können Sie den Hüttenkäse-Wrap gut verpackt mitnehmen.

Harzer-Käse-Wrap

Harzer-Käse-Wrap

rustikal-pikant

- *Für 4 Personen*
- *Zubereitung: ca. 1 Std. 30 Min.*
- *ca. 410 kcal je Portion*

ZUTATEN

500 g kleine Rote Beten
1 gelbe Paprikaschote
1 Mini-Salatgurke (ca. 200 g)
4 Schalotten
4 Selleriestangen
200 g Harzer Käse
1 Bund Schnittlauch
1 Bund Kerbel
3 EL Rotweinessig
Salz, Pfeffer
3 EL Hanföl (oder Kürbiskernöl)
4 Kräuter-Tortillas

1. Die Roten Beten waschen und in wenig Wasser etwa 45 Minuten kochen. Abschrecken, schälen und in Spalten schneiden.

2. Die Paprikaschote putzen, waschen und vierteln, quer in dünne Streifen schneiden. Gurke waschen, eventuell schälen, längs halbieren und in dünne Scheiben schneiden oder hobeln.

3. Die Schalotten schälen und in Ringe schneiden. Den Sellerie waschen und dünn hobeln. Den Harzer Käse klein würfeln. Schnittlauch und Kerbel waschen, trockenschütteln und kleinschneiden.

4. Die Roten Beten mit Paprika, Gurke, Schalotten, Harzer Käse und Kräutern mischen.

5. Rotweinessig mit Salz und Pfeffer verrühren, Öl mit einem Schneebesen unterschlagen. Über die Rote-Beten-Käse-Mischung geben.

6. Die Tortillas erwärmen. Die Rote-Beten-Käse-Mischung darauf verteilen und die Tortillas zusammenrollen. Sofort servieren.

TIPP

- ***Schneller geht's, wenn Sie statt frischer Roter Beten vorgegarte aus der Vakuumpackung verwenden.***

Champignon-Zucchini-Wrap

mediterran

- *Für 4 Personen*
- *Zubereitung: ca. 45 Min.*
- *ca. 540 kcal je Portion*

ZUTATEN

150 g Polenta (Maisgrieß)
Salz
50 g Parmigiano
75 g getrocknete, in Öl eingelegte Tomaten
300 g kleine Champignons
300 g Zucchini
1 Bund frischer oder 2 TL getr. Oregano
1 Knoblauchzehe
3 EL Olivenöl
Pfeffer
4 Kräuter-Tortillas

1. 375 ml leicht gesalzenes Wasser aufkochen, die Polenta unter Rühren einrieseln lassen und bei mittlerer Hitze offen 15 Minuten garen. Dabei gelegentlich umrühren. Die Polenta mit einem nassen Teigschaber auf einem Backblech ausstreichen und abkühlen lassen.

2. Die Tomaten abtropfen lassen, das Öl dabei auffangen. Die Pilze putzen und mit Küchenpapier abreiben (nicht waschen, sonst saugen sie sich voll Wasser). Die Pilze längs halbieren oder vierteln. Die Zucchini waschen, der Länge nach vierteln und in ca. 1 cm dicke Stücke schneiden.

3. Die Tomaten in Streifen schneiden. Den Oregano waschen, trockenschütteln, Blättchen abzupfen und hacken. Den Knoblauch schälen. Die Polenta in ca. 2 cm große Würfel schneiden.

4. Das Olivenöl in einer großen Pfanne erhitzen und die Polentawürfel darin von allen Seiten knusprig braten. Den Knoblauch dazupressen und kurz mitbraten. Die Polentawürfel herausnehmen und warm stellen.

5. Die Pilze und die Zucchini mit dem Tomatenöl in die Pfanne geben und unter gelegentlichem Rühren ca. 5 Minuten braten. Es soll möglichst keine Flüssigkeit mehr in der Pfanne sein. Salzen und pfeffern. Den Oregano, die Tomaten und die Polentawürfel untermischen.

6. Die Tortillas erwärmen. Die Champignon-Zucchini-Mischung darauf verteilen. Die Tortillas zusammenrollen und sofort servieren.

TIPP

- ***Einen besonderen Pfiff bekommt die Champignon-Zucchini-Mischung, wenn Sie sie mit einer kräftigen Prise abgeriebener Zitronenschale würzen.***

Artischocken-Bohnen-Wrap

edel

- *Für 4 Personen*
- *Zubereitung: ca. 40 Min. (plus ca. 30 Min. zum Abkühlen)*
- *ca. 420 kcal je Portion*

ZUTATEN

300 g Artischockenherzen in Öl
400 g Wachs- oder grüne Bohnen
2 Knoblauchzehen
Salz
200 g Tomaten
50 g entkernte schwarze Oliven
30 g Pinienkerne
½ Zitrone
½ Bund Petersilie
½ Bund Pfefferminze
Pfeffer
4 Vollkorn-Tortillas

1. Die Artischockenherzen auf einem Sieb abtropfen lassen, Öl auffangen. Die Bohnen putzen, waschen und in Stücke brechen. Den Knoblauch schälen.

2. Die Bohnen in 1 Esslöffel des abgetropften Öls anbraten. Den Knoblauch dazu pressen, mit Salz und ¼ Tasse Wasser zugedeckt ca. 12 Minuten leicht köcheln lassen.

3. Die Artischockenherzen klein schneiden. Die Tomaten waschen und würfeln.
Die Oliven grob hacken.

4. Die Bohnen auf einem Sieb kurz abtropfen lassen. Mit Artischocken, Tomaten und Oliven mischen.

5. Die Pinienkerne in einer Pfanne ohne Fett unter Rühren hellbraun rösten, herausnehmen und beiseite stellen.

6. Die Kräuter waschen, trockenschütteln, Blättchen abzupfen und hacken. Zitronensaft auspressen und mit dem restlichen Öl verrühren, die Kräuter untermischen und alles mit Salz und Pfeffer abschmecken.

7. Die Sauce mit den Pinienkernen zu den Bohnen geben. Die Tortillas erwärmen.

8. Artischocken-Bohnen-Mischung auf den Tortillas verteilen, zusammenrollen und sofort servieren.

TIPP

- ***Dieses Rezept lässt sich mit 150 g gewürfeltem Schafskäse in Kräutermarinade variieren, den Sie – gegebenenfalls etwas zerbröselt – mit einwrappen.***

Bohnen-Mais-Wrap

Bohnen-Mais-Wrap

schnell

- *Für 4 Personen*
- *Zubereitung: ca. 20 Min.*
- *ca. 540 kcal je Portion*
- *Dazu passt Bier*

ZUTATEN

1 Dose Kidneybohnen (250 g Abtropfgewicht)
150 g Mais (Dose)
½ Eisbergsalat
200 g Cherrytomaten
3 Lauchzwiebeln
1 Bund Koriandergrün
1 Limette
6 EL Erdnussbutter
3 EL süß-scharfe Chilisauce
Salz
4 Vollkorn-Tortillas
50 g Erdnusskerne, geröstet und gesalzen

1. Die Bohnen und den Mais abgießen und waschen, gut abtropfen lassen.

2. Den Eisbergsalat putzen, waschen und trockenschleudern, in 3 cm breite Streifen schneiden. Die Tomaten waschen und vierteln.

3. Die Lauchzwiebeln putzen, waschen und in Ringe schneiden. Das Koriandergrün waschen, trockenschütteln und hacken. Beides mit Bohnen, Mais, Tomaten und Salat mischen.

4. Für die Sauce die Limette heiß abwaschen, die Schale dünn abreiben, den Saft auspressen. 3 Esslöffel Wasser und 5 Esslöffel Limettensaft (restlichen Saft anderweitig verwenden) mit der Erdnussbutter und der Chilisauce verrühren. Die Limettenschale untermischen, salzen. Die Sauce über die Bohnen-Mais-Mischung geben.

5. Die Tortillas erwärmen. Die Bohnen-Mais-Mischung darauf verteilen und mit den Erdnüssen bestreuen. Die Tortillas zusammenrollen und sofort servieren.

Falafel-Rotkohl-Wrap

arabisch

- *Für 4 Personen*
- *Zubereitung:* *ca. 1 Std. 30 Min.*
- *ca. 760 kcal je Portion*

ZUTATEN

1 Dose Rotkohl (Abtropfgewicht 285 g)
1 Mini-Salatgurke (ca. 200 g)
1 Zwiebel
2 EL Aceto balsamico
100 g Tahine (Sesampaste)
4–5 EL Zitronensaft
Salz, Pfeffer
1 Dose Kichererbsen (Abtropfgewicht 265 g)
2 Scheiben Vollkorntoast
1 Zwiebel
4 Knoblauchzehen
½ Bund Petersilie
1 TL gem. Koriander
1 TL gem. Kreuzkümmel
3 EL Mehl
1 TL Backpulver
Öl zum Frittieren
4 Kurkuma-Tortillas
8 EL süß-scharfe Chilisauce

1. Den Rotkohl abtropfen lassen. Die Gurke waschen und in dünne Stifte schneiden. Die Zwiebel schälen und fein würfeln. Rotkohl mit Gurke, Zwiebel und Aceto balsamico mischen, beiseite stellen.

2. Das Tahine mit Zitronensaft, 4–5 Esslöffel heißem Wasser, Salz und Pfeffer mit dem Schneidstab des Handrührgeräts aufschlagen.

3. Für die Falafel die Kichererbsen abtropfen lassen, die Flüssigkeit dabei auffangen. Den Toast mit 3 Esslöffel Flüssigkeit beträufeln.

4. Die Zwiebel und den Knoblauch schälen, die Zwiebel fein würfeln.

5. Kichererbsen, Brot, Zwiebel und durchgepressten Knoblauch mit dem Schneidstab des Handrührgeräts pürieren. Die Petersilie waschen, trockenschütteln und hacken.

6. Die Kichererbsenmasse mit Petersilie, Koriander, Kreuzkümmel, 1 Teelöffel Salz, Pfeffer, Mehl und Backpulver mit den Händen zu einem glatten Teig verkneten. Etwa kirschengroße Kugeln formen.

7. Das Fett auf ca. 180 °C erhitzen (siehe Tipp). Die Kichererbsenkugeln portionsweise ca. 3 Minuten frittieren, herausnehmen und auf Küchenpapier abtropfen lassen.

8. Die Tortillas erwärmen und je ca. 1–2 Esslöffel Tahinesauce darauf geben. Rotkohlsalat und Falafel darauf verteilen. Mit je 1–2 Esslöffeln Chilisauce beträufeln. Die Tortillas zusammenrollen. Restliche Sesamsauce und Chilisauce extra reichen.

TIPP

- ***Das Fett hat die richtige Temperatur, wenn an einem in das Fett getauchten Holzlöffelstiel kleine Bläschen aufsteigen.***

Spinat-Wrap mit Sonnenblumenkernen

vollwertig

- *Für 4 Personen*
- *Zubereitung: ca. 40 Min.*
- *ca. 380 kcal je Portion*
- *Dazu passt Basmatireis*

ZUTATEN

25 g frischer Ingwer
3 Lauchzwiebeln
½ Zitrone
8 EL süße Sojasauce
250 g Möhren
200 g Blattspinat
2 Knoblauchzehen
100 g Linsensprossen oder Sojabohnensprossen
40 g Sonnenblumenkerne
2 EL Sonnenblumenöl
Salz
4 Spinat-Tortillas

1. Den Ingwer dünn schälen und fein hacken. Die Lauchzwiebeln putzen, waschen und schräg in ca. 1 cm breite Stücke schneiden.

2. Die Zitrone auspressen und den Saft mit der Sojasauce verrühren. 1 Teelöffel Ingwer und etwa ein Drittel von den Lauchzwiebelringen zufügen.

3. Die Möhren putzen und schälen. In ca. 4 cm lange, dünne Stifte schneiden. Spinat putzen, gründlich waschen und trockenschleudern. Die Blätter in breite Streifen schneiden. Den Knoblauch schälen, die Sprossen waschen und abtropfen lassen.

4. Die Sonnenblumenkerne in einer großen Pfanne im Öl unter Rühren goldbraun braten, herausnehmen, salzen und beiseite stellen.

5. Restlichen Ingwer ins Öl geben, den Knoblauch dazupressen. Die Möhrenstreifen zugeben und alles bei großer Hitze 3 Minuten unter ständigem Rühren braten. Spinat und Sprossen in die Pfanne geben und weitere 2 Minuten braten. Warm stellen.

6. Die Tortillas erwärmen. Die Zitronen-Sojasauce und die Sonnenblumenkerne unter das Gemüse mischen. Auf die Tortillas verteilen und zusammenrollen. Sofort servieren.

INGWER

Ingwer ist eine Tropenpflanze, die bis zu einem Meter hoch werden kann und aus knollig verzweigten Wurzelstöcken schilfähnliche Blätter treibt. Die Wurzelstöcke (Rhizome) werden zum Verzehr verwendet. Kaufen Sie am besten frischen Ingwer. Die Knolle soll prall sein und eine glatte, leicht glänzende Haut haben. Diese Form von Ingwer hat ein viel besseres Aroma als der getrocknete oder gemahlene Ingwer. Lagern Sie frischen Ingwer eingewickelt in Folie im Gemüsefach des Kühlschranks.
In Norddeutschland wärmen sich die Menschen im Winter gerne an heißem Ingwerbier.

Linsen-Radicchio-Wrap

Linsen-Radicchio-Wrap

einfach

- *Für 4 Personen*
- *Zubereitung: ca. 30 Min.*
- *ca. 560 kcal je Portion*
- *Dazu passt gebratene Polenta*

ZUTATEN

150 g rote Linsen
Salz, Pfeffer
2 Zwiebeln
1 Knoblauchzehe
1 rote Chilischote
250 g Radicchio
1/2 Bund Thymian
1/2 Bund Petersilie
2 EL Olivenöl
400 g Pizzatomaten (Dose)
150 g Landrahm
4 Kräuter-Tortillas

1. Die Linsen waschen und abtropfen lassen. In kochendes Salzwasser geben, aufkochen und zugedeckt 10–15 Minuten köcheln lassen. Abgießen und abtropfen lassen.

2. Zwiebeln und Knoblauch schälen. Die Zwiebeln fein würfeln. Die Chilischote längs aufschlitzen, entkernen und waschen, fein würfeln (siehe Tipp S. 14).

3. Den Radicchio putzen, waschen und in gut fingerbreite Streifen schneiden. Den Thymian und die Petersilie waschen, trockenschütteln und die Blättchen hacken.

4. Das Öl in einer Pfanne erhitzen und die Zwiebeln darin andünsten. Den Knoblauch dazupressen und die Chiliwürfel zugeben. Mit den Tomaten ablöschen und 5 Minuten offen kochen lassen.

5. Den Radicchio zugeben und 2 Minuten garen. Die Linsen unterrühren und kurz erhitzen. Die Kräuter zugeben, mit Salz und Pfeffer abschmecken.

6. Die Tortillas erwärmen, das Linsen-Radicchio-Gemüse darauf verteilen und jeweils einen Klacks Landrahm darauf geben. Die Tortillas zusammenrollen und servieren.

Gemüsecurry-Wrap

indisch

- *Für 4 Personen*
- *Zubereitung: ca. 1 Std.*
- *ca. 330 kcal je Portion*
- *Dazu passt Gurkensalat*

ZUTATEN

Für das Gemüsecurry

75 g grüne Linsen
2 TL Butterschmalz
200 ml Gemüsebrühe
½ Romanesco (grüner Blumenkohl; ca. 300 g)
150 g Möhren
1 Zwiebel
1 Knoblauchzehe
20 g frische Ingwerwurzel
1 TL mildes Currypulver
Salz, Pfeffer

Für die Sauce

½ Bund Petersilie
½–1 TL ganzer Kreuzkümmel
150 g Joghurt
4 Kurkuma-Tortillas

1. Die Linsen waschen und abtropfen lassen. 1 Teelöffel Butterschmalz erhitzen und die Linsen darin kurz andünsten. Die Gemüsebrühe zugießen, aufkochen und bei kleiner Hitze zugedeckt ca. 40 Minuten köcheln lassen.

2. Den Romanesco putzen, waschen und in sehr kleine Röschen teilen. Die Möhren schälen und in dünne Scheiben schneiden. Die Zwiebel und den Knoblauch schälen, die Zwiebel fein würfeln. Den Ingwer schälen und mit dem Knoblauch fein hacken.

3. Restliches Butterschmalz erhitzen, Zwiebelwürfel, Knoblauch und Ingwer zugeben und mit dem Currypulver bestäuben. Alles kurz bei milder Hitze dünsten. Romanesco und Möhren untermischen, salzen.
5 Esslöffel Wasser zugeben und alles zugedeckt bei kleiner Hitze ca. 8 Minuten schmoren.

4. Die Petersilie waschen, trockenschütteln und fein hacken. Den Kreuzkümmel in einer Pfanne ohne Fett unter Rühren anrösten, im Mörser mit 1 Prise Salz fein zerkleinern. Mit Joghurt und Petersilie verrühren.

5. Die Linsen abtropfen lassen und unter das Gemüse mischen. Alles noch einmal abschmecken.

6. Die Tortillas erwärmen, Gemüsecurry und je einen Klacks Joghurt darauf geben. Tortillas zusammenrollen und sofort servieren. Restlichen Joghurt extra reichen.

TIPPS

- ***Schneiden Sie einige Blätter Romana- oder Eisbergsalat in breite Streifen. Geben Sie die Streifen auf die Tortillas und das Curry auf den Salat. So bekommt dieser Wrap zusätzlichen Biss.***
- ***Probieren Sie einmal scharfes rotes Currypulver. Verwenden Sie zunächst nur ¼ Teelöffel Pulver, wenn es Ihnen nicht scharf genug ist, können Sie nachwürzen!***

Spargel-Kaviar-Wrap

edel

- *Für 4 Personen*
- *Zubereitung: ca. 45 Min.*
- *ca. 550 kcal je Portion*
- *Dazu passt Champagner oder Sekt*

ZUTATEN

1 kg weißer Spargel
Salz
1–2 TL Zucker
20 g Butter
1 große reife Avocado
2 EL Zitronensaft
150 g Landrahm
Pfeffer
4–8 Blätter Bataviasalat
½ Bund Kerbel
40 g Cornflakes
4 Weizenmehl-Tortillas
50 g roter Forellenkaviar

1. Den Spargel schälen und die Enden abschneiden. Die Stangen zu 2 Bündeln binden. 2 Liter Salzwasser mit Zucker und Butter aufkochen, den Spargel darin in ca. 12 Minuten bissfest garen. Spargel herausnehmen und abkühlen lassen.

2. Die Avocado längs halbieren, den Kern entfernen und das Fruchtfleisch mit einem großen Löffel aus der Schale heben. Sofort mit dem Zitronensaft mischen und mit dem Schneidstab des Handrührgeräts fein pürieren. Den Landrahm unter das Püree rühren, mit Salz und Pfeffer würzen.

3. Die Salatblätter waschen und trockenschleudern. Den Kerbel waschen und trockenschütteln. Einige Blättchen für die Garnitur beiseite legen, restlichen Kerbel hacken.

4. Die Cornflakes in einem Gefrierbeutel mit der Kuchenrolle grob zerstoßen. Die Spargelstangen in ca. 4 cm lange Stücke schneiden. Spargel, gehackten Kerbel und Cornflakes mischen.

5. Die Tortillas erwärmen. Die Salatblätter und den Spargel auf die Tortillas verteilen. Die Avocadocreme darüber geben. Mit dem Forellenkaviar bestreuen. Die Tortillas zusammenrollen, mit dem restlichen Kerbel garnieren und servieren.

KERBEL

Die zarten Blättchen der Gartenkerbelpflanze haben ein besonders feines Aroma, so dass sie sogar manchmal zum Würzen von Obst verwendet werden. Kerbel ist ein unverzichtbarer Bestandteil der Frankfurter Grünen Sauce und gehört in Frankreich in jede Béchamelsauce. Verwenden Sie Kerbel am besten frisch, denn Kerbelblättchen eignen sich nicht zum Lagern. Deshalb schnell verbrauchen oder einfrieren. Getrockneter Kerbel hat nur noch wenig Aroma.

Tofu-Erdnuss-Wrap

thailändisch

- *Für 4 Personen*
- *Zubereitung: ca. 30 Min. (plus ca. 30 Min. zum Marinieren)*
- *ca. 470 kcal je Portion*
- *Dazu passt Basmatireis*

ZUTATEN

Für die Gemüsefüllung

250 g Tofu
3 EL süße Sojasauce
2 EL Weißweinessig
2 Knoblauchzehen
250 g Möhren
200 g Zuckerschoten
2 Zwiebeln
75 g Sojabohnensprossen oder Chinakohl
4 EL Erdnussöl
Salz, Pfeffer
1 Bund Koriandergrün

Für die Erdnusssauce

2 EL Erdnussbutter
2 EL süße Sojasauce
4 Vollkorn-Tortillas

1. Den Tofu in ca. 1 cm große Würfel schneiden. Die Sojasauce mit dem Essig verrühren. Den Knoblauch schälen und dazupressen. Den Tofu etwa 30 Minuten in der Marinade ziehen lassen.

2. Die Möhren schälen und schräg in dünne Scheiben schneiden. Von den Zuckerschoten die Stielenden abschneiden. Schoten waschen und halbieren. Die Zwiebeln schälen, längs halbieren und in Scheiben schneiden. Die Sojasprossen waschen und abtropfen lassen.

3. Das Erdnussöl in einer großen Pfanne erhitzen, Möhren und Zwiebeln hineingeben und 2 Minuten unter Rühren braten. Zuckerschoten zugeben und 3 Minuten mitbraten. Sojasprossen zugeben und alles weitere 2 Minuten unter Rühren braten.

4. Den Tofu mit der Marinade untermischen und heiß werden lassen. Salzen und pfeffern. Den Koriander waschen, trockenschütteln und hacken, in die Pfanne geben.

5. Erdnussbutter, Sojasauce und 5 Esslöffel heißes Wasser mit dem Schneidstab des Handrührgeräts aufschlagen.

6. Die Tortillas erwärmen. Die Erdnusssauce darauf verstreichen. Das Gemüse darauf verteilen und die Tortillas zusammenrollen. Sofort servieren.

TOFU

Tofu ist der japanische Name des Sojaquarks. Er gehört zur asiatischen Küche wie der Parmigiano zur italienischen. Die Herstellung von Tofu ist ähnlich wie die von Käse: Gelbe Sojabohnen werden eingeweicht, püriert und gekocht. Hierdurch entsteht Sojamilch, die mit natürlichen Mitteln zur Gerinnung gebracht wird. Der Sojaquark wird anschließend gepreßt und in große Stücke geschnitten. Sein Geschmack ist neutral, darum ist es ratsam, ihn vor der Zubereitung in Marinade ziehen zu lassen. Garen Sie Tofu nur kurz und rühren Sie vorsichtig: Sojaquark zerfällt schnell.

Tofu-Erdnuss-Wrap

Mais-Linsen-Wrap

gut zum Mitnehmen

- *Für 4 Personen*
- *Zubereitung: ca. 1 Std.*
- *ca. 490 kcal je Portion*

ZUTATEN

100 g grüne Linsen
3 EL Olivenöl
200 ml Gemüsebrühe
250 g Tomaten
1 Dose Mais (Abtropfgewicht 285 g)
3 Lauchzwiebeln
1 Knoblauchzehe
1–2 EL Aceto balsamico
Salz, Pfeffer
1 Bund Basilikum
150 g Crème fraîche
4 Vollkorn-Tortillas

1. Die Linsen waschen und abtropfen lassen. 1 Esslöffel Öl erhitzen und die Linsen darin kurz andünsten. Gemüsebrühe zugießen, aufkochen und bei kleiner Hitze zugedeckt etwa 40 Minuten köcheln lassen. Abtropfen lassen.

2. Die Tomaten waschen, quer halbieren und entkernen. Das Tomatenfleisch würfeln und auf Küchenpapier abtropfen lassen.

3. Den Mais abtropfen lassen. Die Lauchzwiebeln putzen, waschen und hellgrüne Teile in Ringe schneiden. Das Weiße fein würfeln. Den Knoblauch schälen.

4. Die Linsen mit Aceto balsamico, Salz und Pfeffer kräftig abschmecken. Restliches Olivenöl zugeben. Tomatenwürfel, Mais und Lauchzwiebeln untermischen.

5. Das Basilikum waschen, trockenschütteln und die Blättchen hacken. Mit der Crème fraîche verrühren und mit Salz und Pfeffer abschmecken.

6. Die Tortillas erwärmen, die Linsen-Mais-Mischung und etwas Basilikumcreme darauf geben. Die Tortillas zusammenrollen und sofort servieren. Restliche Basilikumcreme dazu reichen.

Bulgur-Mispel-Wrap

mediterran

- *Für 4 Personen*
- *Zubereitung: ca. 30 Min.*
- *ca. 320 kcal je Portion*
- *Dazu passt grüner Salat*

ZUTATEN

200 ml Gemüsebrühe
60 g Bulgur
1 rote Zwiebel
1 Knoblauchzehe
300 g Brokkoli
5 Mispeln (ca. 200 g)
20 g gehobelte Mandeln
2 EL Öl
Salz, Pfeffer
50 ml trockener Weißwein oder Gemüsebrühe
2 Zweige frischer Salbei
1 Pr. gem. Piment
4 Spinat-Tortillas

1. Die Gemüsebrühe aufkochen, den Bulgur hineingeben, Topf vom Feuer nehmen. Den Bulgur zugedeckt etwa 10 Minuten ausquellen lassen.

2. Die Zwiebel und den Knoblauch schälen, die Zwiebel längs halbieren und in dünne Scheiben schneiden. Den Brokkoli putzen, waschen und in sehr kleine Röschen teilen. Den Strunk schälen und würfeln.

3. Die Mispeln häuten, entkernen und klein schneiden. Die Mandelblättchen in einer Pfanne ohne Fett unter Wenden anrösten, herausnehmen und beiseite stellen.

4. Das Öl in der Pfanne erhitzen und den Brokkoli darin anbraten, salzen und pfeffern. Zwiebelringe und durchgepressten Knoblauch zugeben und kurz mitbraten. Den Wein unterrühren und alles etwa 3 Minuten zugedeckt schmoren. Die Mispeln zugeben und alles zugedeckt weitere 2 Minuten schmoren lassen.

5. Die Tortillas erwärmen. Salbei waschen, trockentupfen und die Blätter quer in Streifen schneiden. Den Salbei mit dem Bulgur zum Brokkoli geben, erhitzen, mit Piment abschmecken.

6. Die Mischung auf die Tortillas verteilen, mit den Mandelblättchen bestreuen und zusammenrollen. Sofort servieren.

TIPP

- ***Wenn Sie keine Mispeln bekommen, verwenden Sie frische Aprikosen, die Sie nicht häuten, sondern nur klein schneiden.***

Gebratener-Spargel-Wrap

asiatisch

- *Für 4 Personen*
- *Zubereitung: ca. 45 Min.*
- *ca. 400 kcal je Portion*
- *Dazu passt Basmatireis*

ZUTATEN

1 kg weißer oder grüner Spargel
1 rote Paprikaschote
1 Bund Lauchzwiebeln
10 g frischer Ingwer
1 Bund Koriandergrün
3 EL Sonnenblumenöl
Salz, Pfeffer
3 EL Cashewnuss-Mus
3 EL süße Sojasauce
4 Kurkuma-Tortillas

1. Den Spargel dünn schälen und die Enden abschneiden. (Grünen Spargel nur im unteren Drittel schälen.) Den Spargel auf dem Gemüsehobel schräg in dünne Scheiben schneiden.

2. Die Paprikaschote waschen, putzen und vierteln. Die Viertel quer in dünne Streifen schneiden. Die Lauchzwiebeln putzen, waschen und schräg in Ringe schneiden, das Weiße vorher längs halbieren. Den Ingwer dünn schälen und fein hacken. Das Koriandergrün waschen, trockenschütteln und hacken.

3. Das Öl im Wok oder in einer großen Pfanne erhitzen. Den Spargel und die Paprika darin unter Rühren etwa 5 Minuten braten. Die Lauchzwiebeln und den Ingwer zufügen und weitere 2 Minuten mitbraten. Mit Salz und Pfeffer abschmecken.

4. Für die Sauce das Nussmus, die Sojasauce und 5 Esslöffel heißes Wasser mit dem Schneidstab des Handrührgeräts aufschlagen.

5. Die Tortillas erwärmen. Den Koriander zum Spargel geben und auf den Tortillas verteilen. Die Sauce darüber geben und die Tortillas zusammenrollen. Sofort servieren.

TIPPS

- *Aromatisieren Sie die Spargelmischung zusätzlich mit 2 Esslöffel dunklem Sesamöl.*
- *Würfeln Sie 200 g Tofu und lassen Sie ihn in Teriyaki-Sauce 30 Minuten ziehen. Braten Sie den Tofu im heißen Sonnenblumenöl an und mischen Sie ihn unter den Spargel.*

Rucola-Ei-Wrap

schnell

- *Für 4 Personen*
- *Zubereitung: ca. 25 Min.*
- *ca. 460 kcal je Portion*
- *Dazu passen Kartoffelchips*

ZUTATEN

6 Eier (Größe M)
150 g Rucola (Rauke)
400 g Tomaten
1 Rettich (ca. 300 g)
75 g Salatmayonnaise
2 EL scharfer Senf
1–2 TL Curry
1 TL süßes Paprikapulver
2 TL Schwarzkümmel
4 Spinat-Tortillas

1. Die Eier in ca. 8 Minuten hart kochen, abschrecken, schälen und abkühlen lassen. Die Rucola waschen, trockenschleudern und in mundgerechte Stücke teilen.

2. Die Tomaten waschen, quer halbieren und entkernen. Das Fruchtfleisch in Streifen schneiden und auf Küchenpapier abtropfen lassen. Den Rettich schälen, waschen und grob raspeln. Rucola, Tomatenstreifen und Rettich mischen. Salzen und pfeffern.

3. Die Mayonnaise mit Senf, Curry- und Paprikapulver verrühren. Die Eier hacken und unter die Sauce mischen. Den Schwarzkümmel in einer Pfanne ohne Fett unter Rühren rösten, bis er anfängt zu duften.

4. Die Tortillas erwärmen. Die Rucola-Tomaten-Mischung darauf verteilen, die Eiermayonnaise darüber geben. Mit dem Schwarzkümmel bestreuen, die Tortillas zusammenrollen. Die Wraps sofort servieren.

TIPP

- *Wenn Sie im Frühjahr frische Brunnenkresse bekommen, verwenden Sie diese anstelle der Rucola.*

SCHWARZKÜMMEL

Die schwarzen, dreieckigen Samen des Schwarzkümmels kennen Sie bestimmt vom türkischen Fladenbrot. Er ist ein typisches Brotgewürz im Mittleren Osten und der Türkei. Der Geschmack ist leicht nussig und pfeffrig. Schwarzkümmel findet sich auch in vielen Currymischungen. In Indien werden die Samen vor der Verwendung in der trockenen Pfanne unter Rühren geröstet, bis sie anfangen zu duften. Übrigens: Bei uns finden Sie in sommerlichen Blumensträußen oft eine hübsche Schwester des Schwarzkümmels, die „Jungfer im Grün".

Rucola-Ei-Wrap

Ziegenkäse-Wrap

einfach

- *Für 4 Personen*
- *Zubereitung: ca. 25 Min.*
- *ca. 590 kcal je Portion*

ZUTATEN

300 g Tomaten
1 grüne Paprikaschote
2 kleine rote Zwiebeln
250 g Ziegengouda
5 EL Mayonnaise
2–3 EL süß-scharfe Chilisauce
2 TL Worcestershiresauce
1 EL trockener Sherry oder Limettensaft
Salz, Cayennepfeffer
1 Bund Rucola (Rauke)
50 g Alfalfasprossen
4 Tomaten-Tortillas

1. Die Tomaten waschen und quer halbieren, entkernen. Tomatenfleisch in kleine Würfel schneiden und auf Küchenpapier abtropfen lassen. Die Paprika waschen, putzen und vierteln. Die Viertel in kleine Würfel schneiden.

2. Die Zwiebeln schälen und fein würfeln. Den Ziegengouda grob raffeln oder in kleine Würfel schneiden.

3. Für die Sauce die Mayonnaise mit der Chilisauce und der Worcestershiresauce verrühren. Sherry oder Limettensaft untermischen, mit Salz und Cayennepfeffer abschmecken. Mit Tomaten, Paprika, Zwiebeln und Käse vermischen.

4. Die Rucola putzen, waschen und trockenschleudern, in mundgerechte Stücke teilen. Die Alfalfasprossen waschen und abtropfen lassen.

5. Die Tortillas erwärmen. Rucola, Käsemischung und die Sprossen darauf verteilen. Die Tortillas zusammenrollen und sofort servieren.

Tofu-Gemüse-Wrap

vollwertig

- *Für 4 Personen*
- *Zubereitung: ca. 30 Min. (plus ca. 30 Min. zum Marinieren)*
- *ca. 460 kcal je Portion*

ZUTATEN

4 EL Hoisin-Sauce
6 EL Sojasauce
1 EL dunkles Sesamöl
20 g frische Ingwerwurzel
2 Knoblauchzehen
250 g Tofu
75 g Vollkornreis (parboiled)
Salz
200 g Shiitake-Pilze
200 g Möhren
350 g Pak-choi (Paksoi)
2 EL Olivenöl
4 Kurkuma-Tortillas

1. Für die Marinade die Hoisin-Sauce, die Sojasauce und das Sesamöl miteinander verrühren. Den Ingwer dünn schälen, den Knoblauch schälen. Beides fein hacken, in die Marinade geben. Den Tofu in ca. 1 cm große Würfel schneiden. In der Marinade etwa 30 Minuten ziehen lassen.

2. Den Reis in der 3-fachen Menge leicht gesalzenem Wasser garen. Auf einem Sieb abtropfen lassen.

3. Die Pilze mit Küchenpapier abreiben (nicht waschen, sonst saugen sie sich voll Wasser), die Stiele abschneiden und wegwerfen. Die Pilze in Streifen schneiden. Die Möhren putzen und schälen, schräg in Scheiben schneiden. Den Pak-choi zerteilen, die Stiele in Scheiben, die Blätter in grobe Stücke schneiden.

4. Im Wok oder in einer großen Pfanne 1 Esslöffel Olivenöl erhitzen. Die Pilze darin unter Rühren ca. 7 Minuten knusprig braten. Herausnehmen und beiseite stellen.

5. Die Möhren im Wok im restlichen Öl 5 Minuten unter Rühren braten. Die Pak-choistiele zugeben und etwa 2 Minuten mitbraten.

6. Den Tofu auf einem Sieb abtropfen lassen, die Marinade auffangen. Marinade und Pak-choiblätter zum übrigen Gemüse geben. Aufkochen und die Blätter zusammenfallen lassen. Reis, Pilze und Tofu vorsichtig untermischen und erhitzen.

7. Die Tortillas erwärmen, die Gemüsemischung darauf verteilen. Tortillas zusammenrollen und sofort servieren.

Tomaten-Mozzarella-Wrap

klassisch italienisch

- *Für 4 Personen*
- *Zubereitung: ca. 30 Min.*
- *ca. 570 kcal je Portion*

ZUTATEN

250 g Mozzarella
400 g Tomaten
1 Bund Basilikum
2 EL Aceto balsamico
4 EL Olivenöl
Salz, Pfeffer
1 Knoblauchzehe
4 Scheiben Vollkorntoast
40 g Tapenade (Olivenpaste)
4 Kräuter-Tortillas

1. Den Mozzarella trockentupfen und in kleine Würfel schneiden. Die Tomaten waschen, quer halbieren und entkernen. Tomatenfleisch in kleine Würfel schneiden und auf Küchenpapier abtropfen lassen.

2. Das Basilikum waschen und trockenschütteln. Einige Blättchen für die Garnitur beiseite legen, restliche Blätter in feine Streifen schneiden.

3. Für die Marinade Aceto balsamico und 2 Esslöffel Olivenöl verrühren, salzen und pfeffern. Mozzarella- und Tomatenwürfel mit dem Basilikum und der Marinade mischen.

4. Den Knoblauch schälen. Das Toastbrot in ca. 1 cm große Würfel schneiden. Restliches Öl in einer großen Pfanne erhitzen, Knoblauch dazupressen und die Brotwürfel darin bei mittlerer Hitze knusprig braten, öfter wenden. Die Croûtons in einen Durchschlag geben und durch leichtes Rütteln von den dunklen Krümeln trennen, zur Tomaten-Mozzarella-Mischung geben.

5. Die Tortillas erwärmen, mit der Tapenade bestreichen und die Tomaten-Mozzarella-Mischung darauf verteilen. Die Tortillas zusammenrollen und mit dem restlichen Basilikum garniert sofort servieren.

TIPP

Tapenade können Sie auch ganz einfach selbst machen: Pürieren Sie 100 g entkernte schwarze Oliven und 1 Esslöffel Olivenöl mit dem Schneidstab des Handrührgeräts. Im fest verschlossenen Glas hält sich das Püree im Kühlschrank etwa 14 Tage.

Bananen-Streusel-Wrap

saftig

- *Für 4 Personen*
- *Zubereitung: ca. 40 Min.*
- *ca. 620 kcal je Portion*
- *Dazu passt Schokoladensauce*

ZUTATEN

Für die Streusel

50 g Haselnusskerne
2 EL Butter
50 g brauner Zucker
50 g Mehl Type 550
Salz

Für die Füllung

3 Bananen (ca. 400 g)
4 EL Butter
60 g brauner Zucker
2 EL Zitronensaft
1–2 EL Nusslikör (oder Rum)
4 Zimt-Tortillas

1. Backofen auf 175 °C (Umluft 150 °C, Gas 2–3) vorheizen. Die Nüsse fein hacken. Die Butter in einer Pfanne erhitzen. Den braunen Zucker zugeben und karamelisieren lassen. Das Mehl, 1 Prise Salz und die Nüsse zugeben und alles gut mischen.

2. Die Mischung in eine feuerfeste Form geben und im vorgeheizten Backofen 10–15 Minuten backen, bis die Streusel hellbraun und knusprig sind.

3. Für die Füllung die Bananen schälen und in Scheiben schneiden. Die Butter in einem flachen Topf schmelzen, Zucker, Zitronensaft und 1 Prise Salz zugeben. Alles unter Rühren bei mittlerer Hitze köcheln lassen, bis die Masse zu bräunen beginnt.

4. Bananenscheiben mit dem Likör zu der Buttermasse geben (der Alkohol kann auch weggelassen werden) und vorsichtig vermischen. Die Streusel untermischen.

5. Die Tortillas erwärmen und die Bananenmasse darauf verteilen. Tortillas zusammenrollen und sofort servieren.

TIPP

- *Dieses Dessert können Sie auch gebacken servieren. Dafür eine feuerfeste Form ausbuttern und dünn mit Zucker ausstreuen. Die Tortillas so zusammenrollen, dass die Rolle geschlossen ist. Mit der Naht nach unten in die Form legen und im vorgeheizten Backofen bei 200 °C (Umluft 170 °C, Gas 3) ca. 25 Minuten backen. Servieren Sie Schokoladen-Eiscreme dazu.*

Bananen-Streusel-Wrap

Apfel im Hemd

einfach

- *Für 4 Personen*
- *Zubereitung: ca. 30 Min.*
- *ca. 430 kcal je Portion*

ZUTATEN

700 g säuerliche Äpfel (Gravensteiner, Boskop)
3 EL Zitronensaft
60 ml Ahornsirup (ersatzweise Akazienhonig)
30 g Butter
2 EL brauner Rum
Salz
1 TL Zimt
75 g Crème fraîche
4 Zimt-Tortillas

1. Die Äpfel dünn schälen, vierteln und das Kerngehäuse entfernen. Die Viertel in ca. 1 cm große Würfel schneiden und sofort mit dem Zitronensaft mischen.

2. Den Ahornsirup mit der Butter, dem Rum (kann weggelassen werden) und 1 Prise Salz in einer großen Pfanne erhitzen. Zimt und Äpfel untermischen.
Alles 1 Minute kochen lassen, dann die Pfanne vom Feuer nehmen.

3. Die Tortillas erwärmen. Die Apfelmasse mit der Crème fraîche vermischen und auf den Tortillas verteilen. Tortillas zusammenrollen und sofort servieren.

TIPPS

- ***Schneiden Sie 100 g Marzipanrohmasse in kleine Würfel und mischen Sie sie unter die Äpfel.***
- ***Wenn Sie Äpfel aus biologischem Anbau verwenden, brauchen Sie sie nicht zu schälen.***

Mango-Erdbeer-Wrap

schnell und einfach

- *Für 4 Personen*
- *Zubereitung: ca. 30 Min.*
- *ca.360 kcal je Portion*

ZUTATEN

1 reife Mango
250 g Erdbeeren
20 g kandierter Ingwer
1 EL Zucker
3 EL roter Portwein
250 g Magerquark
20 g Mandelstifte
4 Blätter Eisbergsalat
4 Kakao-Tortillas

1. Die Mango vom Stein schneiden und schälen, das Fruchtfleisch würfeln. Die Erdbeeren waschen, putzen und klein schneiden. Mango- und Erdbeerstücke mischen, beiseite stellen.

2. Den kandierten Ingwer hacken. Mit Zucker und Portwein mischen und unter den Quark rühren.

3. Die Mandelstifte in einer Pfanne ohne Fett unter Rühren hellbraun rösten.

4. Die Salatblätter waschen, trockenschleudern und in feine Streifen schneiden.

5. Die Tortillas erwärmen. Den Ingwerquark, die Salatstreifen und die Mango-Erdbeer-Mischung darauf verteilen, Mandelstifte darüber streuen. Die Tortillas zusammenrollen und sofort servieren

Sauerkirsch-Mascarpone-Wrap

schnell und einfach

- *Für 4 Personen*
- *Zubereitung: ca. 15 Min.*
- *ca. 650 kcal je Portion*
- *Dazu passt Espresso*

ZUTATEN

1 Glas Schattenmorellen (Abtropfgewicht 680 g)
2 EL Kirschwasser
250 g Mascarpone
4 EL Milch
2 P. Bourbon-Vanillezucker
40 g Schokoladen-Knusperweizen
4 Kakao-Tortillas
frische Pfefferminze oder Zitronenmelisse

1. Die Schattenmorellen auf einem Sieb abtropfen lassen (Saft anderweitig verwenden). Die Kirschen mit dem Kirschwasser mischen (kann auch weggelassen werden).

2. Den Mascarpone und die Milch mit den Quirlen des Handrührgeräts cremig aufschlagen. Den Vanillezucker unterrühren.

3. Die Tortillas erwärmen und den Mascarpone darauf verstreichen. Die Kirschen darauf verteilen und Schokoladen-Knusperweizen darüber streuen. Die Tortillas zusammenrollen und mit der Pfefferminze garnieren. Sofort servieren.

TIPP

- *Kalorien können Sie sparen, wenn Sie den Mascarpone durch Magerquark ersetzen.*

Avocado-Papaya-Wrap

exotisch

- *Für 4 Personen*
- *Zubereitung: ca. 30 Min. (plus ca. 30 Min. zum Kühlen)*
- *ca. 530 kcal je Portion*

ZUTATEN

½ Zitrone
1 große reife Avocado (ca. 300 g)
200 g Doppelrahm-Frischkäse
2–3 EL Agavendicksaft (oder Akazienhonig)
1 reife Papaya
4 Vanille-Tortillas

TIPPS

- *Die Papaya erst kurz vor dem Servieren unter den Avocado-Frischkäse mischen. Sie enthält ein proteinspaltendes Enzym, so dass die Masse schnell bitter werden kann.*
- *Wenn Sie keine Papaya bekommen, können Sie auch eine Mango oder 200 g Himbeeren verwenden.*

1. Die Zitrone auspressen. Die Avocado halbieren, den Kern entfernen und das Fruchtfleisch mit einem großen Löffel aus der Schale heben. Das Fruchtfleisch sofort mit dem Zitronensaft mischen und mit dem Schneidstab des Handrührgeräts fein pürieren.

2. Den Frischkäse mit dem Agavendicksaft cremig aufschlagen. Das Avocadopüree unterrühren. Die Masse für 30 Minuten in den Kühlschrank stellen.

3. Die Papaya halbieren und die Kerne mit einem Löffel entfernen. Die Hälfte der Kerne aufheben. Die Papayahälften schälen und das Fruchtfleisch würfeln. Die Fruchtwürfel vorsichtig unter das Avocadopüree mischen.

4. Die Tortillas erwärmen, die Avocado-Papaya-Masse darauf verteilen und mit den Papayakernen bestreuen. Die Tortillas zusammenrollen und servieren.

VANILLE

Die Vanilleschoten sind die Früchte einer Schlingpflanze der Tropen, die zur Familie der Orchideen gehört. Schon die Azteken würzten mit dem Mark der Schoten ihre heißgeliebte Schokolade. Heute ist die Vanille aus vielen Gerichten nicht mehr wegzudenken. Am bekanntesten sind wohl die Vanillekipferl aus Bayern und Österreich. Ganze Schoten bewahren am besten das wertvolle Aroma. Gute gemahlene Vanille können Sie in Reformhäusern oder Naturkostläden kaufen. Tipp: Ausgekratzte Vanilleschoten in ein Glas mit Zucker geben; so erhalten Sie ganz einfach besten Vanille-Zucker!

Erdbeer-Pudding-Wrap

Erdbeer-Pudding-Wrap

edel

- *Für 4 Personen*
- *Zubereitung: ca. 40 Min. (plus ca. 1 Std. zum Abkühlen)*
- *ca. 670 kcal je Portion*

ZUTATEN

100 g Cashewnüsse oder geschälte Mandeln
1 Vanilleschote
¼ l Milch
1 Pr. Salz
50 g Zucker
40 g Grieß
200 g Schlagsahne
500 g kleine Erdbeeren
1 EL Puderzucker
2 EL Orangenlikör oder Orangensaft
4 Vanille-Tortillas
Zitronenmelisse

1. Die Cashewnüsse durch die Mandelmühle drehen oder in der Küchenmaschine zerkleinern.

2. Die Vanilleschote längs aufschlitzen und das Mark herauskratzen. 4 Esslöffel Wasser mit Milch, Salz, Vanilleschote und -mark, Nüssen und Zucker langsam zum Kochen bringen.

3. Den Grieß in die kochende Milch rühren und unter Rühren 3 Minuten kochen lassen. Den Grießbrei in eine Metallschüssel geben und im kalten Wasserbad unter gelegentlichem Rühren erkalten lassen. Die Vanilleschoten herausnehmen.

4. Die Sahne steif schlagen und unter den kalten Pudding heben. Den Nusspudding kalt stellen.

5. Die Erdbeeren waschen, putzen und klein schneiden, mit dem Puderzucker und dem Orangenlikör (oder Orangensaft) mischen.

6. Die Tortillas erwärmen. Pudding und Erdbeeren darauf verteilen. Die Tortillas zusammenrollen und mit Zitronenmelisse garnieren.

Granatapfel-Orangen-Wrap

vitaminreich

- *Für 4 Personen*
- *Zubereitung: ca. 30 Min.*
- *ca. 440 kcal je Portion*

ZUTATEN

1 TL Öl
20 g ungeschälte Sesamsaat
40 g Zucker
1 Granatapfel
4 Orangen (1 davon unbehandelt)
150 g Crème fraîche
125 g Quark (20% Fett)
2 P. Bourbon-Vanillezucker
4 Vanille-Tortillas

1. Ein tellergroßes Stück Alufolie mit dem Öl bepinseln. Den Sesam in einer schweren Pfanne ohne Fett unter Rühren anrösten. Herausnehmen und den Zucker in der Pfanne bei mittlerer Hitze zu hellbraunem Karamel schmelzen lassen. Den Sesam unterrühren, die Masse auf der Alufolie ausstreichen und abkühlen lassen.

2. Den Granatapfel 4-mal von der Blüte zum Stielansatz einschneiden und in 4 Teile brechen (Vorsicht, es spritzt!). Die Kerne aus der Schale lösen. Den austretenden Saft auffangen.

3. Die unbehandelte Orange heiß waschen und die Schale dünn abreiben. Alle Orangen bis auf das Fleisch abschälen. Die Filets zwischen den Trennhäuten herausschneiden, den Saft dabei auffangen. Die Filets in Stücke schneiden.

4. Die Crème fraîche mit dem Vanillezucker cremig aufschlagen. Den Quark mit der Orangenschale und dem aufgefangenen Orangensaft verrühren. Zuerst die Granatapfelkerne und die Orangenstücke unterrühren, dann die Crème fraîche vorsichtig unterheben.

5. Den Sesamkrokant in einen Gefrierbeutel geben und mit dem Nudelholz grob zerkleinern.

6. Die Tortillas erwärmen. Den Granatapfelquark darauf verteilen und mit dem Krokant bestreuen. Die Tortillas zusammenrollen und servieren.

Granatapfel-Orangen-Wrap

Nektarinen-Quark-Wrap

für Kinder

- *Für 4 Personen*
- *Zubereitung: ca. 25 Min.*
- *ca. 470 kcal je Portion*

ZUTATEN

1 TL Öl
40 g Zucker
25 g gehackte Pistazien
4 Nektarinen (ca. 450 g)
1/2 Bund Zitronenmelisse oder 3 Zweige frische Pfefferminze
1/2 Vanilleschote
2 EL Zucker
250 g Sahnequark
4 Weizenmehl-Tortillas

1. Ein tellergroßes Stück Alufolie mit dem Öl bepinseln. Den Zucker in einem schweren Topf bei mittlerer Hitze zu hellbraunem Karamel schmelzen lassen. Die Pistazien unterrühren, die Masse auf der Alufolie ausstreichen und abkühlen lassen.

2. Die Nektarinen waschen, vom Kern schneiden und würfeln. Die Zitronenmelisse waschen und trockenschütteln. Einige Blättchen für die Garnitur beiseite legen, die restlichen hacken. Mit den Nektarinenwürfeln mischen.

3. Vanilleschote aufschlitzen und das Mark herauskratzen. Das Mark mit Zucker und Quark verrühren. Nektarinen untermischen.

4. Den Pistazienkrokant in einen Gefrierbeutel geben und mit dem Nudelholz grob zerkleinern.

5. Die Tortillas erwärmen, den Nektarinenquark darauf verteilen und mit Krokant bestreuen. Die Tortillas zusammenrollen und mit der Zitronenmelisse garnieren.

TIPPS

- ***Statt Nektarinen können Sie auch anderes Obst verwenden.***
- ***Aromatisieren Sie das Obst mit 1 EL Cointreau.***

Alphabetisches Rezeptverzeichnis

Im FALKEN Verlag sind zahlreiche Titel zum Thema „Essen und Trinken" erschienen. Sie erhalten sie überall dort, wo es Bücher gibt.

Sie finden uns im Internet: **www.falken.de**

Dieses Buch wurde auf chlorfrei gebleichtem und säurefreiem Papier gedruckt.

Der Text dieses Buches entspricht den Regeln der neuen deutschen Rechtschreibung.

Die vielen köstlichen Wraps aus diesem Buch wurden mit Filmmaterial der Firma Agfa, Leverkusen, fotografiert.

ISBN 3 8068 2380 4

Umschlaggestaltung:
Rincon² Design & Produktion GmbH, Köln
Gestaltung: Horst Bachmann
Redaktion: Barbara Fleig
Umschlagfoto: Klaus Arras, Köln
Rezeptfotos: Klaus Arras, Köln
Produktion: Buch-Werkstatt GmbH, Bad Aibling

Satz: Buch-Werkstatt GmbH, Bad Aibling
Druck: Appl, Wemding

817 2635 4453 6271

Rezepte! Rezepte!! Rezepte!!!

Herausgeberin: Silke Kirsch
ISBN: 3-8068-**2136**-4

Herausgeberin: Beatrix Adolphi
ISBN: 3-8068-**1937**-8

Autor: Hans Janotta
ISBN: 3-8068-**2195**-X

Autorin: Beatrice Aepli
ISBN: 3-8068-**1944**-0

Alle Bände durchgehend vierfarbig,
96 Seiten, ca. 60 Farbfotos, kartoniert.
DM 16,90

FALKEN